Stephan Sigg

Religion aktuell unterrichten: Heimat & Flucht

So bilden sich Ihre Schüler*innen eine eigene Meinung und reden mit

Wir haben uns für die Schreibweise mit dem Sternchen entschieden, damit sich Frauen, Männer und alle Menschen, die sich anders bezeichnen, gleichermaßen angesprochen fühlen. Aus Gründen der besseren Lesbarkeit für die Schüler*innen verwenden wir in den Kopiervorlagen das generische Maskulinum.
Bitte beachten Sie jedoch, dass wir in Fremdtexten anderer Rechtegeber*innen die Schreibweise der Originaltexte belassen mussten.
In diesem Werk sind nach dem MarkenG geschützte Marken und sonstige Kennzeichen für eine bessere Lesbarkeit nicht besonders kenntlich gemacht. Es kann also aus dem Fehlen eines entsprechenden Hinweises nicht geschlossen werden, dass es sich um einen freien Warennamen handelt.

1. Auflage 2024

Autor*innen: Stephan Sigg
Illustrationen: Steffen Jähde, Corina Beurenmeister
Satz: tebitron gmbh, Gerlingen
Druck und Bindung: Korrekt Nyomdaipari Kft.
ISBN 978-3-403-**08862**-2

www.auer-verlag.de

Vorwort

Was macht Heimat aus? Worauf kommt es an, damit wir uns zu Hause fühlen? Und was, wenn jemand seine Heimat aufgrund von Krieg, Hunger, Armut oder Gewalt verlassen muss?

Über 110 Millionen Menschen auf der Welt sind auf der Flucht – so viele wie schon lange nicht mehr oder vielleicht so viele wie noch nie. Nicht zuletzt durch den Angriffskrieg auf die Ukraine ist das Thema Flucht auch für Kinder und Jugendliche in deutschsprachigen Ländern nah.

Die Themen Flucht und Heimat haben die Menschen schon immer beschäftigt. Bereits in der Bibel kommen die beiden Themen häufig vor: Verschiedene biblische Erzählungen geben Einblicke in die Gefühle und die Perspektiven von Menschen, die ihre Heimat verlassen müssen und flüchten, aber auch in die Herausforderungen einer multikulturellen Gesellschaft. Die Geschichten können uns Hinweise für den Umgang mit Geflüchteten geben.

Diese Unterrichtsentwürfe ermöglichen Ihnen, die Themen Heimat und Flucht im Unterricht zu behandeln. Die Unterrichtsentwürfe sind sehr nah an der Alltags- und Lebenswelt von Kindern und Jugendlichen. Sie sollen ihnen helfen, sich differenziert mit den Themen auseinanderzusetzen, Vorurteile unter die Lupe zu nehmen, Verständnis für die Realität der Geflüchteten zu wecken und sie für die eigenen Handlungsmöglichkeiten zu sensibilisieren. Die Materialien sollen aber auch ein Bewusstsein dafür schaffen, dass das Leben in der Heimat fernab von Krieg, Hunger und Armut keine Selbstverständlichkeit ist. Gleichzeitig werden die Schüler*innen auch mit konkreten Fakten, Zahlen, Gesetzen usw. konfrontiert. Dies hilft ihnen, sich ein differenziertes Bild zu machen und eine eigene Position einzunehmen.

Die Unterrichtsentwürfe sind als konkrete Unterrichtsstunden mit den verschiedenen Unterrichtsphasen (Einstieg, Erarbeitungsphase, Abschluss usw.) konzipiert. Es gibt jedoch zahlreiche Varianten und Alternativen, sodass Sie alles optimal an das Niveau Ihrer Klasse anpassen können. Auch können Sie bei den meisten Aufgaben die jeweilige Sozialform (Einzelarbeit, Arbeit zu zweit oder Gruppenarbeit) ändern. Selbstverständlich können Sie auch jeweils nur einzelne Elemente und Arbeitsblätter verwenden.

Die Themen rund um Flucht und Heimat können bei manchen Schüler*innen starke Emotionen hervorrufen und es kann schnell sehr persönlich werden. Deshalb sollte bei der Besprechung der Aufgaben niemand dazu gezwungen werden, die Lösungen vorzutragen. Falls Schüler*innen in der Klasse sind, die ihre Heimat verloren oder die Flucht erlebt haben, ist es ratsam, besonders sensibel vorzugehen.

Ich wünsche Ihnen und Ihrer Lerngruppe mit diesen Materialien viel Freude im Unterricht!

Stephan Sigg

Was ist Heimat für dich?

Vorbereitung

Klassenstufen: 5–7
Lehrplanbezug: Identität, Schöpfung, Gemeinschaft
Zeitbedarf: ca. 2–3 Unterrichtsstunden
Material: **M1** 1 x kopieren, ggf. weitere Bilder; ggf. **M2** 1 x pro Schüler*in kopieren; **M3** und **M4** 1 x pro Schüler*in kopieren; die Songs „Rostock“ von Marteria oder „Hamburg im Sinn“ von Jasmin Wagner, Abspielgerät, ggf. Songtext 1 x pro Schüler*in oder 1 x auf Folie kopieren, ggf. **M5** 1 x kopieren

Einstieg

- Legen Sie die verschiedenen Bilder zum Thema Heimat (**M1** „Was ist Heimat?“: Pass, Essen, Kleidung, Sport, Feste, Menschen; ggf. auch Bilder zu Sprachen, Landkarten, Häusern, ...) im Klassenzimmer aus. Die Schüler*innen spazieren herum, wählen ein Bild aus und erklären, inwiefern es aus ihrer Sicht mit Heimat zu tun hat (ca. 15 Min.).
- Alternativ können Sie den Steckbrief (**M2** „Steckbrief“) austeilen. Die Schüler*innen notieren Beispiele zu verschiedenen Themenfeldern in Bezug auf die Frage „Was ist typisch für deine Heimat(en)?“ (ca. 10 Min.). Eine Besprechung der Beispiele erfolgt im Plenum (ca. 5 Min.).

Erarbeitungsphase

- Die Schüler*innen erhalten **M3** „Heimat ist ...“ und erarbeiten die Aufgaben in Einzelarbeit. Dabei setzen sie sich mit verschiedenen Zitaten zum Thema Heimat auseinander und formulieren im Anschluss ein eigenes Zitat, indem sie ausdrücken, was Heimat für sie bedeutet (ca. 20 Min.).
- Eine Besprechung einzelner eigener Zitate erfolgt im Plenum (ca. 10 Min.).
- Die Schüler*innen erhalten **M4** „Was ist Heimat in der Bibel?“ und erarbeiten es zu zweit. Dabei versuchen sie, das biblische Zitat „Wir dagegen haben unsere Heimat im Himmel.“ (Phil 3,20, Hoffnung für alle) zu deuten. Anschließend werden sie motiviert, sich kreativ zu betätigen und Symbole zum Begriff „Himmel“ zu zeichnen (ca. 30 Min.).
- Im Plenum werden die Ergebnisse von **M4** mündlich zusammengetragen: Jeweils zwei bis drei Paare nennen ihre Lösungen. Falls jemand mit einem Beispiel nicht einverstanden ist, kann diese Person das jeweilige Paar um weitere Erklärungen für ihre Lösung bitten (ca. 10 Min.).

Abschluss

- Spielen Sie den Song „Rostock“ von Marteria oder „Hamburg im Sinn“ von Jasmin Wagner vor. Sie können den jeweiligen Songtext ausdrucken und an die Schüler*innen austeilen oder auf Folie an die Wand projizieren. Sowohl die Lieder als auch die Texte finden Sie online. Anschließend sollte es ein kurzes Unterrichtsgespräch geben: Worum geht es in diesem Song? Was ist die Botschaft? Über welchen Ort, welche Stadt, welches Land würden die Schüler*innen so einen Song/Text schreiben – und welche Beispiele dieses Ortes, dieser Stadt, dieses Landes würden sie erwähnen? (ca. 20 Min.)
- Alternativ können Sie auch Stichwortkarten (**M5** „Stichwortkarten“) auslegen, auf denen je ein Adjektiv zu finden ist. Die Schüler*innen entscheiden sich für ein Adjektiv, das sie am ehesten mit Heimat in Verbindung bringen, und erklären ihre Entscheidung (ca. 10 Min.).
- Als spiritueller Abschluss bietet sich ein „Top-10“-Dankgebet an: Die Schüler*innen überlegen sich, was sie an ihrer Heimat besonders schätzen bzw. mögen, und danken Gott in einer persönlichen „Top 10“ dafür. Hierfür schreiben sie Beispiele von 1 bis 10 auf (ca. 15 Min.).

Erwartungshorizont/Lösungen

M1 Was ist Heimat?
mögliche Lösungen: Bild Pass: Die Staatsangehörigkeit/Nationalität macht deutlich, woher eine Person bzw. deren Familie stammt. Bild Essen/Pizza: Viele verbinden bestimmte Speisen mit Heimat (z. B. Pizza – Italien, Tapas – Spanien usw.). Bild Kleidung/Dirndl: Jedes Land/jede Region hat traditionelle Kleidungsstücke wie z. B. in Bayern oder Österreich das Dirndl. Bild Sport/Fußball: Viele Menschen sind Fans von Sportteams aus ihrer Heimat. Bild Feste/Weihnachten: Für viele sind Traditionen und Bräuche, die sie mit ihrer Heimat verbinden, wie z. B. Weihnachten, sehr wichtig.

Bild Menschen/Hände: Viele Menschen fühlen sich dort zu Hause, wo Menschen sind, die für sie wichtig sind, bzw. wo sie sich angenommen fühlen.

M2 Steckbrief
1. individuelle Lösung

M3 Heimat ist …
1. individuelle Lösung
2. individuelle Lösung

M4 Was ist Heimat in der Bibel?
1. + 2. „Wir dagegen haben unsere Heimat im Himmel." (Phil 3,20, Hoffnung für alle) bedeutet, dass unsere Heimat bei Gott im Himmel ist. Dieser „Ort" ist kein konkreter Ort auf der Erde (also nicht im geografischen oder politischen Sinn). Er ist sozusagen das Ziel, welches wir Menschen nach dem Tod erreichen. Dort gibt es keine Grenzen und wir sind alle gleich, denn wir sind alle Kinder Gottes und Geschwister. In der Heimat im Himmel gibt es keine Unterschiede. Die Konsequenz daraus: Grenzen sind von Menschen gemacht, es geht darum, Grenzen auf der Welt abzubauen.
3. passende Begriffe: Frieden (keine Konflikte mehr), Versöhnung (Die Menschen schließen Frieden.), genießen (Wir sind im Paradies.), feiern (zusammen sein, miteinander die Zeit genießen), Verständnis (Alle haben Verständnis für die anderen.), Freiheit (Es gibt nichts mehr, das uns einengt: keine Grenzen, keine Zwänge.), Respekt (Alle werden respektvoll behandelt.), Fröhlichkeit (Alle sind glücklich.), Hände reichen (Die Menschen gehen aufeinander zu und kümmern sich umeinander.), Liebe (Alle begegnen allen mit Liebe und nicht mit Hass.), Wärme (im Sinne von „menschliche Wärme"), Paradies (der Ort, der in der Bibel verheißen wird), Ruhe (kein Stress, kein Druck, kein Lärm, kein Chaos, ...)
4. mögliche Lösungen: Herz; Hände, die zusammenhalten; Willkommensschild; offene Grenzen; Friedensflagge; …

M5 Stichwortkarten
mögliche Lösungen: nah = Heimat ist für mich der Ort, der mir gefühlsmäßig ganz nah ist, oder die Region, in der ich jetzt bin und die mir räumlich nah ist; warm = In meiner Heimat ist das Wetter viel besser als hier. Oder: Heimat ist für mich dort, wo die Menschen herzlich/„warm" miteinander umgehen; …

M1 Was ist Heimat?

© filmbildfabrik, https://stock.adobe.com/de

© Macus, https://stock.adobe.com/de

© Dennis, https://stock.adobe.com/de

© matimix, https://stock.adobe.com/de

© cmfotoworks, https://stock.adobe.com/de

© Rawpixel.com, https://stock.adobe.com/de

M2 Steckbrief

Aufgabe

1. Was ist typisch für deine Heimat(en)? Notiere Beispiele zu jedem Themenfeld.

Essen: ______________________________

____

____

____

____

© Macus, https://stock.adobe.com/de

Sprache: ______________________________

____

____

____

____

© melita, https://stock.adobe.com/de

Kleidung: ______________________________

____

____

____

____

© Dennis, https://stock.adobe.com/de

Feste: ______________________________

____

____

____

____

© cmfotoworks, https://stock.adobe.com/de

Menschen: ______________________________

____

____

____

____

© Rawpixel.com, https://stock.adobe.com/de

M3 Heimat ist ...

Aufgaben

1. *Lies die Texte in den Sprechblasen und gib bei jeder Aussage an, wie sehr du mit ihr einverstanden bist.*
2. *Wie definierst du Heimat? Verfasse ein persönliches Zitat zum Thema Heimat in der leeren Sprechblase.*

Heimat ist dort, wo man geboren ist.

gar nicht		einigermaßen		ganz

Heimat ist für mich kein Ort. Ich fühle mich überall dort zu Hause, wo die Menschen sind, die mir wichtig sind.

gar nicht		einigermaßen		ganz

Heimat ist überall dort, wo ich mich wohlfühle.

gar nicht		einigermaßen		ganz

Heimat ist das Land, dessen Pass ich habe.

gar nicht		einigermaßen		ganz

Heimat ist dort, wo ich das WLAN-Passwort kenne.

gar nicht		einigermaßen		ganz

Heimat ist dort, wo meine Familie lebt. Wenn sie an verschiedenen Orten lebt, können es mehrere Heimaten sein.

gar nicht		einigermaßen		ganz

Heimat ist dort, wo die Menschen mich mögen.

gar nicht		einigermaßen		ganz

M4 Was ist Heimat in der Bibel?

Aufgaben

1. *In der Bibel schreibt der Apostel Paulus in seinem Brief an die Menschen in der Gemeinde Philippi (im heutigen Griechenland): „Wir dagegen haben unsere Heimat im Himmel." (Phil 3,20, Hoffnung für alle). Was könnte dieser Satz bedeuten?*

2. *Versucht, den Satz „Wir dagegen haben unsere Heimat im Himmel." (Phil 3,20, Hoffnung für alle) mit den Begriffen und Sätzen, die ihr unten findet, zu erklären. Deutet den Satz mündlich und baut möglichst alle Wörter von unten in eurer Erklärung ein.*

keine Grenzen	gleich	keine Unterschiede
kein konkreter Ort auf der Erde	bei Gott	Menschen
nicht auf Erden	Grenzen abbauen	von Menschen gemacht
Kinder Gottes	Welt	nach dem Tod
Wir sind alle Geschwister.		

3. *Was ist das Besondere an der „Heimat" Himmel? Was zeichnet sie aus? Wie könnte man das, was sie auszeichnet, umschreiben? Markiert alle passenden Begriffe und notiert eine kurze Begründung.*

Frieden	Konkurrenz	Stress	Versöhnung
Konflikt	genießen	Grenzkontrolle	feiern
Verständnis	Freiheit	Respekt	Dürre
Waffen	Fröhlichkeit	Hände reichen	Liebe
Wärme	Paradies	Gefängnis	Ruhe

4. *Welches Symbol würde die Heimat Himmel am besten darstellen? Zeichnet mehrere Symbole zur Heimat Himmel in euer Heft.*

M5 Stichwortkarten

nah	weit
entspannt	geschützt
natürlich	vertraut
bekannt	unbekannt
idyllisch	laut
leise	warm

Dankbar für die Heimat

Vorbereitung

Klassenstufen: 8–10
Lehrplanbezug: Identität, Gemeinschaft, Werte, Spiritualität
Zeitbedarf: ca. 2–3 Unterrichtsstunden
Material: Werbevideos, Fotos, Werbematerialien usw. der Stadt oder Region; ggf. leerer Fotorahmen 1 x pro Schüler*in oder 1 x auf Folie kopieren; **M1** 1 x pro Schüler*in kopieren; ggf. Gebetsanfänge (Guter Gott, ich danke dir …; Guter Gott, an meiner Heimat gefällt mir besonders …) als Folie; je 1 leerer DIN-A5- und je 1 leerer DIN-A4-Zettel pro Schüler*in, alternativ 1 Klassenliste anstelle des DIN-A4-Zettels pro Schüler*in

Einstieg

- Machen Sie mit den Schüler*innen ein Brainstorming: Was gefällt euch an eurer Heimat? Wenn ihr ein Werbevideo über eure Heimat drehen könntet, welche Motive/Beispiele würden darin vorkommen? Halten Sie die Beispiele an der Tafel fest (ca. 10 Min.).
- Suchen Sie echte Werbevideos, Fotos, Werbematerialien usw. Ihrer Stadt oder Region und zeigen Sie diese nun. Die Schüler*innen reagieren spontan: Wie wird die Heimat dargestellt? Was wird gezeigt? Was kommt nicht vor? (ca. 15 Min.)
- Alternativ können Sie auch ein Bild eines leeren Fotorahmens verteilen oder an die Wand projizieren. Welches Motiv fällt den Schüler*innen ein, wenn sie an ihre Heimat denken? Sie können dazu auch eine Fantasiereise anleiten. Die Schüler*innen schließen die Augen. Erzählen Sie und stellen Sie Impulsfragen, wie z. B.: Geh an den Ort oder den Platz, den du in deiner Heimat am liebsten hast. Welche Geräusche hörst du dort? Wie riecht es dort? Welchen Menschen kannst du dort begegnen? Anschließend notieren die Schüler*innen Stichwörter, die zum visualisierten Bild passen, in den Fotorahmen (ca. 15 Min.).

Erarbeitungsphase

- Die Schüler*innen erhalten **M1** „Meine Heimat“. Sie füllen den Steckbrief einzeln aus (Aufgabe 1, ca. 15 Min.).
- Anschließend schreiben sie zu zweit mehrere Beispiele dazu auf, was typisch/besonders an ihrer Heimat ist (**M1** „Meine Heimat“ Aufgabe 2). Sie können die Ergebnisse im Plenum sichern: Ein*e Schüler*in kommt nach vorne und schreibt ein Beispiel an die Tafel. Dann kommt der*die nächste Schüler*in und ergänzt ein weiteres Beispiel (ca. 15 Min.). Wichtig: Da es sich um sehr persönliche Informationen handelt, sollte niemand gezwungen werden, ein Beispiel an der Tafel zu notieren.
- Nun bearbeiten die Schüler*innen die Aufgaben 3 von **M1** „Meine Heimat“ und schreiben in Einzelarbeit Dankgebete. Hierfür können Sie ergänzend Gebetsanfänge an die Wand projizieren. Diese Dankgebete können am Ende der Stunde als spiritueller Abschluss vorgelesen werden (ca. 20 Min.).
- Als vertiefende Hausaufgabe können Sie den Schüler*innen Aufgabe 4 von **M1** „Meine Heimat“ mitgeben. Bitten Sie die Lernenden, in der nächsten Stunde einen Ausdruck von einem Foto mitzubringen. Alternativ können sie auch mündlich Beispiele nennen (ca. 5 Min.).

Abschluss

- Die Schüler*innen notieren auf einem DIN-A5-Zettel ihren „Lieblingsort“ in ihrem Dorf bzw. ihrer Stadt. Anschließend legen alle ihr Beispiel im Klassenzimmer aus. Nun erhalten alle Lernenden einen DIN-A4-Zettel, auf dem sie notieren können, welcher Lieblingsort zu welchem*welcher Mitschüler*in gehört (ca. 20 Min.).
- Alternativ können Sie ein Scrabble-Gebet schreiben lassen. Zur Inspiration können Sie das Beispiel von München an der Tafel notieren (ca. 10 Min.):

```
            W
    U       O
    B       C
    A       H
  B H       E
M Ü N C H E N
E C   A     M
N H   F     A
S E   E     R
C R   P     K
H E   I     T
E I   R
N     N
```

Erwartungshorizont/Lösungen

M1 Meine Heimat
1.–4.: individuelle Lösung

M1 Meine Heimat

Aufgaben

1. Fülle den Steckbrief aus.

Wie wird deine Heimat in der Werbung dargestellt?	
Wie gefällt dir diese Darstellung?	
Wie würdest du deine Heimat gerne darstellen?	

2. Was ist typisch bzw. besonders an eurer Heimat? Sammelt zu zweit verschiedene Beispiele und notiert diese in den Kreisen.

typische Songs/Lieder

typische Gerüche

typische Speisen

typisch für die Landschaft

typische Begriffe

der schönste Ort/Platz

3. *Schreibe oder zeichne ein Dankgebet für deine Heimat. Du kannst das ein oder andere Beispiel von der ersten Seite einbauen.*

4. *Fotografiere in den nächsten Tagen mehrere Beispiele, die für deine Heimat stehen, und bringe die Fotos zur nächsten Stunde mit.*

In der Fremde

Vorbereitung

Klassenstufen: 6–10
Lehrplanbezug: Identität, Umgang mit Angst und Unbekanntem
Zeitbedarf: ca. 2–3 Unterrichtsstunden
Material: **M1**–**M4** 1 x pro Schüler*in kopieren

Einstieg

- Die Schüler*innen erhalten **M1** „In der Fremde“, bearbeiten die Aufgabe und vergleichen die Ergebnisse mit einer anderen Person (ca. 15 Min.).
- Anschließend findet ein Gespräch im Klassenverbund statt: Wie leicht ist euch die Aufgabe gefallen? Bei welchen Bildern habt ihr euch schwergetan? Habt ihr Ideen für weitere Motive? Wie müsste eine Fotosammlung zum Thema Heimat aussehen? (ca. 10 Min.)

Erarbeitung

- Die Schüler*innen erhalten **M2** „Wann hast du dich fremd gefühlt?“ und füllen bei Aufgabe 1 in Einzelarbeit die Tabelle aus (ca. 15 Min.).
- Anschließend besprechen sie zu zweit oder in Kleingruppen die Aufgabe 2 von **M2** „Wann hast du dich fremd gefühlt?“ (ca. 10 Min.).

Abschluss

- Verteilen Sie **M3** „Offen sein“. Die Schüler*innen lesen die Texte in den Sprechblasen und kreisen zwei bis drei Beispiele ein, die sie persönlich am meisten ansprechen (ca. 10 Min.).
- Anschließend diskutieren die Schüler*innen zu zweit die Aufgabe 2 von **M3** „Offen sein“ (ca. 10 Min.).
- Nun bearbeiten die Schüler*innen Aufgabe 3 von **M3** „Offen sein“ zu zweit, erfinden einen Dialog und schreiben ihn auf. Die Ergebnisse werden im Plenum gesichert. Bitten Sie dafür zwei bis drei Paare, ihre Dialoge vorzutragen oder zusammenzufassen (ca. 30 Min.).
- Verteilen Sie abschließend **M4** „Fremd“, auf dem in großen Buchstaben das Wort FREMD steht. Die Schüler*innen überlegen sich wie beim Scrabble für jeden Buchstaben ein passendes Wort oder notieren zu jedem Buchstaben einen Wunsch für alle, die sich fremd fühlen. Alle Wortfelder werden abschließend in die Mitte gelegt und gemeinsam still betrachtet (ca. 15 Min.).
- Alternativ können Sie die Stunde auch mit einer „Ich wünsche …“-Runde für alle, die sich fremd fühlen, abschließen. Jeder Wunsch darf nur einmal genannt werden (ca. 15 Min.).

Erwartungshorizont/Lösungen

M1 In der Fremde
1. individuelle Lösung

M2 Wann hast du dich fremd gefühlt?
1. individuelle Lösung; allgemeine Anmerkung: Meistens ist es die Hilfe/Unterstützung von anderen, die das Fremdheitsgefühl lindert.
2. mögliche Lösungen:
in der Schule: neuen Schüler*innen beim Ankommen helfen, offen sein für neue Menschen, Kulturfeste organisieren, …
beim Sport: alle Menschen respektvoll behandeln, andere mitspielen lassen, niemanden ausgrenzen, keine Beleidigungen, …
mit Freund*innen: offen sein für andere Bräuche, gemeinsames Essen, …
bei uns im Ort: Angebote für Menschen, die neu bei uns leben, auf der Straße Menschen helfen, die sich nicht auskennen, …

M3 Offen sein
1. individuelle Lösung
2. mögliche Lösungen: Mut haben, etwas Neues auszuprobieren, sich für andere Kulturen interessieren, andere Menschen und deren Lebensweisen kennenlernen, Einladungen annehmen oder fragen, ob man bei einem Fest usw. teilnehmen darf, …
3. mögliche Lösungen: „Letzte Woche haben wir etwas Cooles gemacht: Wir haben gemeinsam gekocht! Und zwar Gerichte aus der Heimat unserer Mitschülerin.“
„Was habt ihr gekocht?“
„Als Hauptgericht gab es Stifado.“
„Wie hat dir das geschmeckt?“
„Total lecker!“
„Woher kommt denn deine Mitschülerin? Hat sie erzählt, wie es in ihrer Heimat so ist?“
Usw.

M4 Fremd

1. + 2. mögliche Lösungen:
F = Flucht
R = Rassismus
E = egoistisch
M = Migration
D = dazukommen

Wünsche: Ich wünsche, dass alle Familien, die neu zu uns kommen, sich willkommen fühlen!
Ich wünsche, dass der Rassismus endlich ein Ende hat!
Ich wünsche allen Eltern Mut, ihren Kindern Offenheit für alle zu vermitteln!
Ich wünsche allen Mut, Offenheit zu leben!
Ich wünsche mir bei uns in Deutschland mehr Toleranz für alle!

M1 In der Fremde

Aufgabe

1. *Die Fremde ist so etwas wie das Gegenteil von Heimat. Welche Bilder passen für dich am besten zum Begriff Fremde? Nummeriere von 1 bis 8 (1 = passt am besten, 8 = passt gar nicht).*

© benemale, https://stock.adobe.com/de

© MichaelJBerlin, https://stock.adobe.com/de

© kichigin19, https://stock.adobe.com/de

© xy, https://stock.adobe.com/de

© Dennis, https://stock.adobe.com/de

© Rawpixel.com, https://stock.adobe.com/de

© Andrew, https://stock.adobe.com/de

© Drobot Dean, https://stock.adobe.com/de

M2 Wann hast du dich fremd gefühlt?

Aufgaben

1. Fülle die Tabelle aus.

	Wann hast du dich fremd gefühlt?	Was hat geholfen, dass das Fremdheitsgefühl verschwunden ist?
in der Schule		
beim Sport		
mit Freunden		
im Urlaub		

2. Wie könnt ihr dazu beitragen, dass andere sich nicht fremd fühlen? Diskutiert miteinander und überlegt euch für jeden Bereich Beispiele.

in der Schule	beim Sport	mit Freunden	bei uns im Ort

M3 Offen sein

Aufgaben

1. *Lies die Texte in den Sprechblasen. Welche Beispiele passen zu dir? Kreise ein bis zwei Beispiele ein.*

Das Schönste für mich ist, wenn mich Freunde zu ihren religiösen Festen einladen!

Letzte Woche haben wir etwas Cooles gemacht: Wir haben gemeinsam gekocht! Und zwar Gerichte aus der Heimat unserer Mitschülerin.

Ich mache mich immer wieder online auf die Suche: Was gibt es gerade für spannende Bands aus Südeuropa oder aus Asien?

In meiner Familie war es schon immer üblich, andere Menschen einzuladen, besonders solche, die neu bei uns sind.

Ich reise total gerne und lerne gerne andere Städte und Länder kennen.

Ich finde Filme und Bücher, deren Geschichten in ganz anderen Kulturen spielen, immer total faszinierend.

2. *Welche Tipps lassen sich aus den Aussagen von Aufgabe 1 im Umgang mit „Fremden“ ableiten? Besprecht mögliche Tipps zu zweit.*
3. *Wählt die Aussage aus den Sprechblasen aus, die euch am meisten neugierig gemacht hat.*

a) Was könnte die Person erlebt haben? Besprecht zu zweit.

b) Baut die Aussagen zu einem Dialog aus. Überlegt euch dafür Fragen und passende Antworten und notiert in eurem Heft.

M4 Fremd

Aufgaben

1. *Welche Wörter fallen dir zum Wort „fremd“ ein? Schreibe hinter die Buchstaben.*
2. *Notiere Wünsche in Bezug auf das Thema „fremd sein“ zu jedem Wort.*

F

R

E

M

D

Aufgaben

1. *Welche Wörter fallen dir zum Wort „fremd“ ein? Schreibe hinter die Buchstaben.*
2. *Notiere Wünsche in Bezug auf das Thema „fremd sein“ zu jedem Wort.*

F

R

E

M

D

Immer am gleichen Ort vs. digitale Nomaden

Vorbereitung

Klassenstufen: 8–10
Lehrplanbezug: Identität, Gemeinschaft, Werte
Zeitbedarf: ca. 2–3 Unterrichtsstunden
Material: beschriftete Zettel mit Städten/Ländern und Aussagen erstellen; **M1** 1 x auf Folie kopieren; ggf. Aufgabe 3 von **M1** 1 x pro Schüler*in kopieren + Klebeband; **M2** 1 x pro Schüler*in kopieren; ggf. Zettel mit Gefühlen erstellen

Einstieg

- Legen Sie verschiedene Zettel im Raum aus. Auf jedem Zettel steht eine Stadt oder ein Land. Einige Zettel enthalten auch Beispiele im Sinne von „dort, wo meine Freund*innen sind" oder „dort, wo ich meine Träume leben kann": Wo möchtet ihr gerne leben? Die Schüler*innen spazieren herum und wählen ein Beispiel aus. Einige Schüler*innen teilen mündlich mit, warum sie sich für ihr Beispiel entschieden haben (ca. 10 Min.).
- Alternativ können Sie die Schüler*innen auch mit verschiedenen Aussagen konfrontieren, die diese dann bewerten sollen. Hierzu teilen Sie das Klassenzimmer ein in: „ganz leicht" = links und „ganz schwer" = rechts. Folgende Aussagen sind möglich: Wenn du schon einmal umgezogen bist: Wie leicht/schwer ist dir der Umzug gefallen? Wie leicht/schwer ist es dir gefallen, dich an eine neue Wohnung/Umgebung/Stadt oder an ein neues Land zu gewöhnen? Wie leicht/schwer ist es dir gefallen, neue Freund*innen zu finden? Wie leicht/schwer ist es dir gefallen, dich an der neuen Schule einzuleben? (ca. 10 Min.)

Erarbeitungsphase

- Sie können die beiden Lebensentwürfe von Anna und Nicole auf **M1** „Immer am gleichen Ort?" nacheinander an die Wand projizieren. Die Schüler*innen lesen den Text zu Anna und nennen spontan Vor- und Nachteile (ca. 10 Min.).
- Dann werden sie mit dem Text zu Nicole von **M1** „Immer am gleichen Ort?" konfrontiert. Auch hier zählen sie Vor- und Nachteile auf (ca. 10 Min.).
- Nun beantworten die Schüler*innen Aufgabe 3 von **M1** „Immer am gleichen Ort?" schriftlich. Bitten Sie anschließend zwei bis drei Schüler*innen, ihre Antworten vorzulesen (ca. 30 Min.).
- Wenn Sie nur wenig Zeit zur Verfügung haben, können Sie das ganze Arbeitsblatt auch mündlich im Klassenverband bearbeiten lassen (ca. 25 Min.) und/oder die Schüler*innen erhalten lediglich Aufgabe 3 von **M1** „Immer am gleichen Ort?" (ca. 15 Min.). Nach der Bearbeitung können alle Antworten der Schüler*innen zu Aufgabe 3 an die Wand gehängt und die unterschiedlichen Vorstellungen besser visualisiert werden (ca. 10 Min.).
- Anschließend erhalten die Schüler*innen **M2** „Digitale Nomaden" und bearbeiten die Aufgaben 1 und 2 jeweils zu zweit. Besprechen Sie die Ergebnisse anschließend kurz im Plenum (ca. 25 Min.).

Abschluss

- Abschließend bearbeiten alle Schüler*innen die Aufgabe 3 von **M2** „Digitale Nomaden" in Einzelarbeit. Die Pro- und Kontra-Argumente werden entweder digital (z. B. über eine digitale Pinnwand) oder an der Tafel gesammelt. Dabei wird jedes Argument nur einmal genannt. Es folgt eine kurze mündliche Abschlussrunde: „Ich will (k)ein*e digitale*r Nomade*Nomadin sein, weil …" (ca. 15 Min.).
- Alternativ können Sie auch Zettel mit verschiedenen Gefühlen auslegen. Die Schüler*innen überlegen, welches Gefühl der Gedanke, ein*e digitale*r Nomade*Nomadin zu sein, bei ihnen auslöst, und platzieren sich beim entsprechenden Zettel (ca. 10 Min.).

Erwartungshorizont/Lösungen

M1 Immer am gleichen Ort?

1. mögliche Lösungen: Vorteile: Es entstehen langjährige Freundschaften, man hat „Lebensbegleiter*innen", evtl. kann man sich auch besser unterstützen, weil man sich länger kennt und besser einschätzen kann, wann jemand Hilfe braucht; man hat mehr Motivation, sich für die Gemeinschaft vor Ort zu engagieren, weil man selbst davon profitiert; …; Nachteile: Es gibt wenig Abwechslung; man kann sich „auf die Nerven gehen"; Außenseiter haben es evtl. schwer, Kontakte aufzubauen; evtl. kann man

sich auch nicht weiterentwickeln und ist nicht offen für Neuerungen/Innovationen; …
2. mögliche Lösungen: Vorteile: Man lernt viel von der Welt kennen; man lernt zahlreiche Kulturen kennen; Nachteile: Man muss immer wieder bei null anfangen; von vorne beginnen, kann anstrengend sein; …
3. individuelle Lösung

M2 Digitale Nomaden
1. mögliche Lösungen: Neid/Eifersucht – so ein Leben hätte ich auch gerne!; Abneigung/Unverständnis – so etwas könnte ich mir gar nicht vorstellen!; Motivation – wow, ich will auch mal so ein Leben haben!; …
2. mögliche Lösungen:
Achtung: Es sind auch andere Einordnungen möglich, da es sich um eine sehr subjektive Frage handelt.

Vorteile	**Nachteile**
• viel Abwechslung • immer neue Menschen kennenlernen • ortsunabhängig • viele Erlebnisse • kaum Routine • dort arbeiten, wo andere Urlaub machen	• Familie weit weg • immer neue Menschen kennenlernen • immer wieder neu anpassen • kaum Routine • wenig langfristige Kontakte • Freunde weit weg

3. individuelle Lösung

M1 Immer am gleichen Ort?

Aufgaben

1. *Lest den Text zu Anna. Besprecht in der Klasse die Vor- und Nachteile von Annas Leben. Die Beispiele neben dem Text helfen euch.*
2. *Lest den Text zu Nicole. Besprecht in der Klasse die Vor- und Nachteile von Nicoles Leben. Die Beispiele neben dem Text helfen euch.*

Anna:

Anna lebt seit 73 Jahren im gleichen Dorf. Sie ist hier aufgewachsen, sie hat hier geheiratet, sie hat hier ihre Kinder bekommen. Jetzt ist sie Oma und lebt noch immer in diesem Ort.

Anna kennt das Dorf in- und auswendig. Und sie kann sich auch noch gut daran erinnern, was für Geschäfte es früher hier gab. Sie kennt viele Menschen im Dorf schon sehr lange.

Vorteile:
- langjährige Freundschaften

Nachteile:
- keine Abwechslung

Nicole:

Nicole hat in ihrem Leben schon in elf verschiedenen Städten und Dörfern gewohnt. Alle paar Jahre ist sie umgezogen. Sie hat immer wieder neu angefangen: neue Wohnung, neue Nachbarn, neue Menschen kennenlernen, …

Nicole hat viel von Deutschland gesehen. Jetzt ist sie 73 Jahre alt.

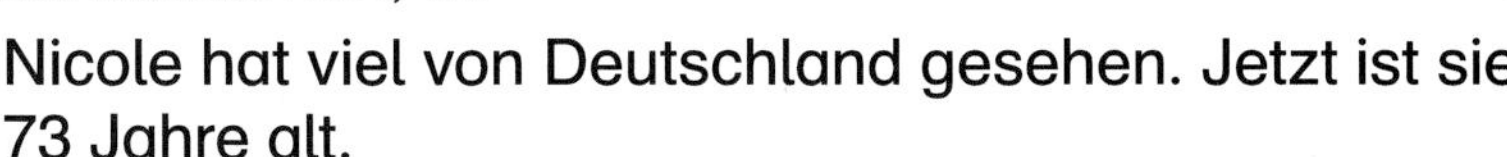

Vorteile:
- viel von Deutschland gesehen

Nachteile:
- immer wieder neu anfangen

3. *Wie möchtest du mit 73 auf dein Leben zurückblicken? Immer am gleichen Ort oder ständig woanders? Schreibe deine Wunschvorstellung auf.*

M2 Digitale Nomaden

Joe ist ein digitaler Nomade. Er arbeitet immer wieder von anderen Orten aus. Da er Websites designt, spielt es keine Rolle, von wo aus er arbeitet.

Aufgaben

1. *Was lösen die Social-Media-Posts bei euch aus? Diskutiert zu zweit.*
2. *Was sind die Vor- und Nachteile im Leben von digitalen Nomaden? Notiert die Beispiele aus dem Kasten in der Tabelle.*

viel Abwechslung — Familie weit weg — ortsunabhängig
immer neue Menschen kennenlernen — Freunde weit weg
viele Erlebnisse — immer wieder neu anpassen — kaum Routine
wenige langfristige Kontakte — dort arbeiten, wo andere Urlaub machen

Vorteile	Nachteile

3. *Wärst du auch gerne ein digitaler Nomade? Erstelle für dich eine persönliche Pro- und Kontra-Liste in deinem Heft.*

„Auszug der Israeliten" und „Naomi und Ruth"

Vorbereitung

Klassenstufen: 5–7
Lehrplanbezug: Bibel, Altes Testament, Auszug der Israeliten, Naomi und Ruth
Zeitbedarf: ca. 2 Unterrichtsstunden
Material: **M1** 1 x pro Schüler*in kopieren; 1 Bibelausgabe pro Schüler*in; **M2** 1 x pro Schüler*in kopieren; **M3** und **M4** 1 x pro Paar/Gruppe kopieren, 1 Schere pro Paar/Gruppe; **M5** 1 x pro Schüler*in kopieren

Einstieg

Die Schüler*innen erhalten **M1** „Auf der Flucht" und erarbeiten es mithilfe einer Bibel in Einzelarbeit (ca. 25 Min.).

Erarbeitungsphase

- Nun bearbeiten die Schüler*innen **M2** „Weggehen von zu Hause" zu zweit. Dazu wählen sie auf dem Arbeitsblatt **M1** „Auf der Flucht" eine Geschichte aus. Dann versuchen sie, sich in die Lage der Personen zu versetzen, die weggehen, und dann in die Lage der Personen, die zurückbleiben (ca. 20 Min.).
- Anschließend werden zwei Fluchtgeschichten aus der Bibel vertieft. Dazu werden Paare oder Gruppen (ca. vier bis fünf Schüler*innen je Gruppe) gebildet. Jede Gruppe beschäftigt sich entweder mit **M3** „Auszug der Israeliten" oder **M4** „Naomi und Ruth". Wenn nur wenig Zeit zur Verfügung steht, können statt der Comics/Zeichnung auch passende Icons gezeichnet werden (ca. 20 Min.).
- Es tun sich jeweils zwei bis vier Schüler*innen aus den verschiedenen Gruppen zusammen, sodass in jeder neuen Gruppe die Geschichten von **M3** „Auszug der Israeliten" und **M4** „Naomi und Ruth" repräsentiert sind. Gegenseitig stellen sich die Schüler*innen nun die Fluchtgeschichten vor. Bevor sie erzählen, können sie sich auch gegenseitig die Comics/Zeichnungen/Icons zeigen und die anderen Schüler*innen versuchen zu entschlüsseln, was in dieser Geschichte passiert (ca. 10 Min.).
- Wenn Sie mehr Zeit haben, können alle Schüler*innen auch beide Arbeitsblätter **M3** „Auszug der Israeliten" und **M4** „Naomi und Ruth" bearbeiten (ca. 45 Min.).

Abschluss

Die Schüler*innen bearbeiten **M5** „Wo du hingehst, …" zu zweit (Aufgabe 1 und 3) bzw. in Einzelarbeit (Aufgabe 2). Die Ergebnisse werden im Plenum besprochen (ca. 15 Min.).

Erwartungshorizont/Lösungen

M1 Auf der Flucht

2. a) ☒ Abraham und Sara flüchten aufgrund einer Hungersnot.
☐ Abraham nimmt Sara auf, weil sie auf der Flucht ist.
☐ Abraham und Sara flüchten mit dem Schiff über das Meer.

b) ☒ Moses führt die Israeliten aus der Sklaverei in Ägypten heraus.
☐ Moses flüchtet aus Jerusalem (Bethlehem).
☐ Moses flüchtet vor Königin Cleopatra.

c) ☒ Naomi ist die Schwiegermutter von Ruth.
☐ Ruth geht ohne Naomi aus dem Land.
☐ Ruth wird wegen ihrer Religion verfolgt.

d) ☐ Jesus befiehlt Maria und Josef, nach Bethlehem zu flüchten.
☒ Maria, Josef und Jesus flüchten vor Herodes.
☐ Maria und Josef raten allen dazu, rechtzeitig zu fliehen.

M2 Weggehen von zu Hause

1. individuelle Lösung, z. B.: a) „Was, wenn mir auf der Flucht etwas passiert? Werde ich es in der neuen Heimat wirklich besser haben? Usw."
b) „Ich melde mich, sobald ich angekommen bin. Ihr müsst euch keine Sorgen um mich machen! Betet für mich! Usw."
c) „Hilf mir auf diesem beschwerlichen Weg! Gib mir ein Zeichen, ob meine Entscheidung richtig ist! Usw."
2. individuelle Lösung, z. B.: a) „Ich wäre auch gerne so mutig wie diese Person. Hoffentlich passiert ihr nichts! Usw."
b) „Pass auf dich auf! Ich wünsche dir alles Gute! Melde dich, wenn du angekommen bist! Usw."
c) „Schütze sie! Schick ihr Menschen, die ihr helfen! Usw."

M3 Auszug der Israeliten
1. + 2. e, d, a, c, b
3. individuelle Lösung

M4 Naomi und Ruth
1. + 2. b, e, c, d, a
3. individuelle Lösung

M5 Wo du hingehst, …
1.

	Ruth	Naomi
schöne Auswirkungen	• Sie muss sich nicht von Naomi trennen. • Sie kann den Weg mit Naomi fortsetzen, muss nicht nochmals alleine von vorne beginnen.	• Sie kann sich auf Ruth verlassen, ihr vertrauen. • Sie muss keine Angst haben, da sie nicht alleine ist. • Zu zweit fällt es sicher leichter, neu anzufangen.
herausfordernde Auswirkungen	• Sie muss ihr Versprechen einhalten. • Naomi ist von ihr abhängig – sie hat Verantwortung für Naomi.	• Sie muss ihre Pläne mit Ruth absprechen: Was, wenn Ruth andere Pläne / Wünsche / Bedürfnisse hat?

2.

	• Vertrauen • sich verlassen können • nicht alleine sein • sich gegenseitig unterstützen
	• Man weiß nicht, was einen noch erwartet – kann man das Versprechen wirklich immer einhalten? • Es ist wie eine lebenslange Verpflichtung. • Was, wenn man unterschiedliche Pläne oder Ziele hat?

3. Egal was passiert, wenn man eine andere Person an seiner Seite hat, ist alles nicht so schwer.

M1 Auf der Flucht

In der Bibel sind zahlreiche Geschichten über Menschen zu finden, die flüchten müssen.

Aufgaben

1. *Finde die Geschichten in der Bibel und lies sie.*
2. *Kreuze für jede Geschichte die richtige Zusammenfassung an.*

a) Abraham und Sara – 1. Mose 12,10–20

Worum geht es?

☐ Abraham und Sara flüchten aufgrund einer Hungersnot.

☐ Abraham nimmt Sara auf, weil sie auf der Flucht ist.

☐ Abraham und Sara flüchten mit dem Schiff über das Meer.

b) Moses – 2. Mose 12,31–41

Worum geht es?

☐ Moses führt die Israeliten aus der Sklaverei in Ägypten heraus.

☐ Moses flüchtet aus Jerusalem (Bethlehem).

☐ Moses flüchtet vor Königin Cleopatra.

c) Naomi und Ruth – Rut 1,1–5

Worum geht es?

☐ Naomi ist die Schwiegermutter von Ruth.

☐ Ruth geht ohne Naomi aus dem Land.

☐ Ruth wird wegen ihrer Religion verfolgt.

d) Maria, Josef und Jesus – Matthäus 2,13–15

Worum geht es?

☐ Jesus befiehlt Maria und Josef, nach Bethlehem zu flüchten.

☐ Maria, Josef und Jesus flüchten vor Herodes.

☐ Maria und Josef raten allen dazu, rechtzeitig zu fliehen.

M2 Weggehen von zu Hause

Aufgaben

1. *Wählt eine Geschichte vom Arbeitsblatt* ***M1*** *„Auf der Flucht" aus. Versetzt euch in die Lage der Person(en) aus dieser Geschichte und schreibt in die Gedankenblase und die zwei Sprechblasen.*

a) *Welche Gedanken gehen der Person bzw. den Personen vor dem Aufbruch durch den Kopf?*

b) *Was sagt bzw. sagen sie zu den Menschen, die sie zurücklässt bzw. zurücklassen?*

c) *Was bespricht bzw. besprechen sie mit Gott?*

2. *Versetzt euch nun die Lage der Personen, die zurückbleiben. Schreibt in die Gedankenblase und die zwei Sprechblasen.*

a) *Was denken die Personen, die zurückbleiben?*

b) *Was sagen die Personen, die zurückbleiben?*

c) *Was besprechen sie mit Gott?*

© Matthias Enter, https://stock.adobe.com/de

M3 Auszug der Israeliten

Aufgaben

1. Lest die Texte unten in den Kästchen.

2. Schneidet die Kästchen aus und bringt die verschiedenen Abschnitte des Textes „Auszug der Israeliten" in die richtige Reihenfolge.

3. Erstellt anschließend zu jeder Szene einen Comic oder eine Zeichnung in eurem Heft.

a) Moses führt die Israeliten aus Ägypten heraus. Sie wandern durch die Wüste.

b) Nach 40 Jahren Flucht erreichen die Israeliten endlich ihr Ziel.

c) Die Israeliten murren und jammern: „Ach wären wir doch nie losgezogen! Diese Wanderung ist so mühsam."

d) Moses bekommt von Gott in einem brennenden Dornbusch den Auftrag, die Israeliten aus der Sklaverei zu befreien.

e) Vor 3 000 Jahren leiden die Israeliten unter der Herrschaft des Pharaos. Sie werden wie Sklaven behandelt. Sie träumen von einem besseren Leben.

M4 Naomi und Ruth

Aufgaben

1. Lest die Texte unten in den Kästchen.

2. Schneidet die Kästchen aus und bringt die verschiedenen Abschnitte des Textes „Naomi und Ruth" in die richtige Reihenfolge.

3. Erstellt anschließend zu jeder Szene einen Comic oder eine Zeichnung in eurem Heft.

a) Orpa und Ruth begleiten sie bis zur Grenze. Dort bittet Naomi die beiden umzukehren. Doch Ruth will sie in ihre alte Heimat begleiten. Sie verspricht, immer bei ihr zu bleiben und sie nicht im Stich zu lassen.

b) Der Bauer Elimelech und seine Frau Naomi aus Bethlehem wandern mit ihren zwei Söhnen Machlon und Kiljon ins Nachbarland aus, denn in ihrer Heimat herrscht eine Hungersnot.

c) Doch kurz nach der Hochzeit sterben der Vater und die beiden Söhne. Naomi und ihre beiden Schwiegertöchter sind jetzt allein.

d) Naomi, Ruth und Orpa sind in großer Not: Ohne Männer sind sie weder rechtlich noch finanziell abgesichert und zudem bedrohte eine Hungersnot ihre neue Heimat. Naomi will wieder in ihre alte Heimat zurückkehren.

e) Der eine Sohn heiratet Ruth, der andere Orpa – beide Frauen sind aus der neuen Heimat.

M5 Wo du hingehst, ...

„Wo du hingehst, da will auch ich hingehen. Wo du bleibst, da bleibe ich auch."
(Rut 1,16, Hoffnung für alle)

Aufgaben

1. *Wie wirkt sich das Versprechen oben auf Ruth und Naomi aus? Notiert in der Tabelle.*

	Ruth	**Naomi**
schöne Auswirkungen		
herausfordernde Auswirkungen		

2. *Was ist für dich das Schöne an so einem Versprechen? Was sind die Herausforderungen? Notiere in der Tabelle.*

3. *Ein bekanntes Sprichwort heißt: „Geteilte Freude ist doppelte Freude, geteiltes Leid ist halbes Leid." Inwiefern lässt sich dieses Sprichwort mit dem Versprechen von Ruth vergleichen?*

Maria und Josef und die Herbergssuche

Vorbereitung

Klassenstufen: 5–8
Lehrplanbezug: Flucht, Nächstenliebe, Weihnachten
Zeitbedarf: ca. 2 Unterrichtsstunden
Material: Video von der Herbergssuche, Abspielgerät; ggf. Fotos von geschlossenen Türen; **M1** und **M2** 1 x pro Schüler*in kopieren; 1 Schere pro Schüler*in; ggf. Aufnahmegerät, ggf. Abspielgerät

Einstieg

- Zeigen Sie als Einstieg ein Video von der Herbergssuche. Auf YouTube finden Sie zahlreiche Videos, die geeignet sind. Bitten Sie die Schüler*innen im Plenum, das Gesehene mit eigenen Worten zusammenzufassen (ca. 10 Min.).
- Alternativ können Sie auch verschiedene Fotos von geschlossenen Türen im Raum auslegen. Die Schüler*innen gehen herum und betrachten die Bilder. Stellen Sie ein paar Impulsfragen: Was lösen die Türen bei euch aus? Wie wirken sie auf euch? Woran denkt ihr, wenn ihr geschlossene Türen seht? Warum sind die Türen geschlossen? Bei leistungsschwachen Klassen können Sie auch einfach ein Gespräch führen: Warum sind Türen oft zu/geschlossen? (ca. 10 Min.)
- Anschließend erzählen Sie den ersten Teil der Weihnachtsgeschichte (bis und mit Herbergssuche). Sie können Ihre Erzählung ruhig etwas ausschmücken und tiefere Einblicke in die Gefühle und Gedanken von Maria und Josef auf der Suche nach einer Unterkunft geben (ca. 10 Min.).

Erarbeitungsphase

- Die Schüler*innen erhalten **M1** „Maria und Josef in Bethlehem“ und bearbeiten es in Einzelarbeit (ca. 15 Min.).
- Alternativ könnte die Aufgabe mit den Kärtchen auch in Gruppen (ca. fünf bis sechs Schüler*innen je Gruppe) oder im Klassenverband gelöst werden. Bei Letzterem erhalten die Schüler*innen ein bis zwei Kärtchen und platzieren sie am richtigen, vorab benannten Ort (passende Wörter, unpassende Wörter, unsicher) (ca. 5 Min.).
- Anschließend bearbeiten die Schüler*innen **M2** „Herbergssuche“. Alle Schüler*innen beantworten die Aufgabe 1 zunächst schriftlich für sich. Anschließend werden die Ergebnisse im Plenum besprochen (Aufgabe 2). Nun erarbeiten die Schüler*innen Aufgabe 3 in Einzelarbeit (ca. 30 Min.).
- Sie können die Aufgabe 3 von **M2** „Herbergssuche“ mit den Dialogen auch zu einem Medienprojekt ausbauen. Hierfür werden Gruppen (ca. vier bis fünf Schüler*innen je Gruppe) gebildet. Jede Gruppe entscheidet sich für einen Dialog, den ein*e Schüler*in entwickelt hat. Ggf. kann dieser auch noch einmal überarbeitet werden. Anschließend nimmt die Gruppe den Dialog als Hörspiel mit verteilten Sprechrollen auf (ca. 45 Min.).

Abschluss

- Schreiben Sie die beiden Begriffe WEIHNACHTEN und FLUCHT an die Tafel. Die Schüler*innen überlegen sich einen kurzen Satz, in dem die beiden Begriffe vorkommen (ca. 10 Min.).
- Bitten Sie drei bis vier Schüler*innen, ihre Sätze vorzulesen (ca. 10 Min.).

Erwartungshorizont/Lösungen

M1 Maria und Josef in Bethlehem

1.–3. mögliche Lösungen: passende Wörter: aufgeregt, ohnmächtig, missverstanden, erschöpft, nervös, ausgegrenzt, müde, abgewiesen, zielstrebig, überfordert, unerwünscht, abgestellt; unpassende Wörter: freudig, beobachtet, ausgelassen, mächtig, modern, hoffnungsvoll, ermutigt, neugierig, willkommen, überrumpelt, unterstützt, energievoll, motiviert, beliebt, umschwärmt, behütet, begehrt, ignoriert, übersehen, benachteiligt
Achtung: Bei manchen Wörtern sind individuelle Lösungen möglich – falls sich Ihre Schüler*innen unterschiedlich entscheiden, sollten diese Lösungen im Plenum diskutiert werden.

M2 Herbergssuche

1. mögliche Lösungen: Ja, weil auch Menschen auf der Flucht die Erfahrung machen, abgewiesen zu werden bzw. vor verschlossenen Türen zu stehen – alle weisen sie ab und schicken sie weiter; Nein, weil Maria und Josef ja „nur“ eine

Unterkunft gesucht haben und keine Geflüchteten waren. Bei ihnen ging es nur um die Unterkunft, sonst hatten sie offensichtlich keine Nöte.
2. individuelle Lösung
3. mögliche Lösungen:
Dialog 1:
Josef: „Wir suchen eine Unterkunft! Meine Frau ist hochschwanger …"
Besitzer der Herberge: „Sorry, alles ausgebucht! Wir sind bis auf den letzten Platz besetzt."
Josef: „Aber wir sind total erschöpft und meine Frau muss sich dringend hinlegen."
Besitzer der Herberge: „Haben Sie mich nicht verstanden? Ich kann ja schließlich kein zusätzliches Bett herbeizaubern!"
…

Dialog 2:
Besitzer der Herberge: „Oh, Sie sehen total erschöpft aus. Sie müssen sich ausruhen!"
Maria: „Die Reise war so weit. Mir tut alles weh!"
Besitzer der Herberge: „Ich habe leider kein Zimmer mehr frei. Aber ich kann Ihnen in der Küche einen Platz herrichten. Haben Sie Schmerzen?"
…

Dialog 3:
Besitzerin der Herberge: „Was wollen Sie?"
Maria: „Wir suchen ein Zimmer für eine Nacht …"
Besitzerin der Herberge: „Da sind Sie leider zu spät."
Maria: „Aber wo sollen wir hin?"
Besitzerin der Herberge: „Also hier können Sie nicht bleiben! Aber ich kann Ihnen ein paar Adressen geben."
Josef: „Wir haben es schon überall probiert. Niemand hat Platz für uns."
…

M1 Maria und Josef in Bethlehem

In Bethlehem suchten Maria und Josef eine Herberge, doch sie wurden immer wieder abgewiesen.

Aufgaben

1. *Wie haben sich Maria und Josef auf der Herbergssuche gefühlt? Schneide alle Kärtchen aus und lege die Wörter, die Marias und Josefs Gefühle beschreiben, in die Mitte.*
2. *Drehe nun alle unpassenden Wörter um, sodass sie nicht mehr zu lesen sind.*
3. *Wörter, bei denen du unsicher bist, kannst du in einer Reihe darunterlegen.*

freudig	**beobachtet**	**aufgeregt**	**ausgelassen**
ohnmächtig	**mächtig**	**miss-verstanden**	**modern**
erschöpft	**hoffnungsvoll**	**nervös**	**ausgegrenzt**
ermutigt	**neugierig**	**willkommen**	**müde**
abgewiesen	**zielstrebig**	**überfordert**	**überrumpelt**
unterstützt	**unerwünscht**	**energievoll**	**motiviert**
beliebt	**abgestellt**	**umschwärmt**	**behütet**
begehrt	**ignoriert**	**übersehen**	**benachteiligt**

M2 Herbergssuche

Aufgaben

1. *Lässt sich die Situation von Maria und Josef mit der Situation von heutigen Geflüchteten vergleichen? Begründe deine Antwort.*

____

____

____

____

____

____

____

____

2. *Macht eine Abstimmung: Wie viele von euch haben sich für ein Ja, wie viele haben sich für ein Nein entschieden? Stellt euch gegenseitig eure Argumente vor und ergänzt fehlende Argumente in eurer Antwort von Aufgabe 1.*

Anzahl an Ja-Stimmen: ____________ Anzahl an Nein-Stimmen: ____________

3. *Wie hätten sich die Besitzer der Herberge gegenüber Maria und Josef auch verhalten können? Entscheide dich für eines der drei Beispiele und notiere einen Dialog in deinem Heft.*

Dialog 1:

Josef: „Wir suchen eine Unterkunft! Meine Frau ist hochschwanger …"

Der Besitzer der Herberge: …

…

Dialog 2:

Der Besitzer der Herberge: „Oh, Sie sehen total erschöpft aus. Sie müssen sich ausruhen!"

Maria: …

…

Dialog 3:

Die Besitzerin der Herberge: „Was wollen Sie?"

…

„Ich war fremd und obdachlos“

Vorbereitung

Klassenstufen: 5–8
Lehrplanbezug: Flucht, Solidarität, Diakonie, Nächstenliebe
Zeitbedarf: ca. 2 Unterrichtsstunden
Material: **M1** (oben) 1 x auf Folie kopieren; ggf. 2 bis 3 Dialoge zum Bibelzitat vorbereiten; ggf. **M1** (unten) 1 x kopieren und zerschneiden; **M2** 1 x pro Schüler*in kopieren; **M3** 1- bis 2-mal kopieren

Einstieg

- Projizieren Sie das folgende Bibelzitat an die Wand (**M1** „Bibelzitat“ oben): „Denn als ich hungrig war, habt ihr mir zu essen gegeben. Als ich Durst hatte, bekam ich von euch etwas zu trinken. Ich war ein Fremder bei euch, und ihr habt mich aufgenommen.“ (Matthäus 25,35, Hoffnung für alle)
- Die Schüler*innen erfinden zu zweit einen Dialog, in dem dieses Zitat vorkommt und schreiben ihn in ihr Heft (ca. 15 Min.).
- Bitten Sie zwei bis drei Paare, ihren Dialog vorzulesen (ca. 10 Min.).
- Bei leistungsschwachen Klassen können Sie zwei bis drei vorbereitete Dialoge präsentieren und die Schüler*innen diskutieren die Beispiele (ca. 10 Min.).
- Alternativ können Sie das Zitat in Abschnitte unterteilt in der Klasse verteilen (**M1** „Bibelzitat“ unten). Alle Schüler*innen, die einen Zettel haben, kommen nach vorne, und versuchen gemeinsam, das Zitat in die richtige Reihenfolge zu bringen (ca. 10 Min.).

Erarbeitungsphase

- Die Schüler*innen erhalten **M2** „„Ich war fremd und obdachlos …““. Sie bearbeiten es in Einzelarbeit und vergleichen anschließend die Lösungen zu zweit (ca. 25 Min.).
- Bei leistungsschwachen Klassen kann Aufgabe 3 auch in Gruppen (vier Schüler*innen je Gruppe) oder im Plenum bearbeitet werden.
- Diskutieren Sie die Ergebnisse von Aufgabe 3 im Plenum: Wie anspruchsvoll ist welcher Auftrag? Wo sehen die Schüler*innen Herausforderungen? (ca. 10 Min.)

Abschluss

- Verteilen Sie die Begriffe von **M3** „Wie helfen?“ in der Klasse. Alle Schüler*innen erhalten einen Begriff. Die Schüler*innen tauschen sich zu zweit über die Begriffe aus: Worauf macht dieser Begriff bei der Unterstützung von Geflüchteten aufmerksam? Anschließend werden die Gedanken im Plenum gesammelt. Sie können dazu exemplarisch jeweils einen Begriff in die Höhe halten oder an die Tafel schreiben und die Schüler*innen äußern sich dazu (ca. 20 Min.).
- Alternativ können Sie auch alle Begriffe in die Mitte der Klasse legen. Die Schüler*innen wählen spontan der Reihe nach eine Karte aus und nehmen Stellung dazu (ca. 10 Min.).
- Abschließend können Sie gemeinsam ein „Willkommens-Abc“ zusammentragen: Was trägt dazu bei, dass sich Geflüchtete willkommen fühlen? (ca. 10 Min.)

Erwartungshorizont/Lösungen

M2 „Ich war fremd und obdachlos …“
1. mögliche Lösungen: eine Art Drohung, Rede vor Gericht, Umgang mit anderen, Nächstenliebe, Verantwortung, …
2. individuelle Lösung
3. mögliche Lösungen: anderen helfen, anderen etwas zu essen geben, niemanden an der Grenze abweisen, Lebensmittel verteilen, niemanden im Stich lassen, …

M3 Wie helfen?
individuelle Lösung, z. B.: Würde → Jeder Mensch hat eine Würde, deshalb sollten alle mit allen respektvoll umgehen; …

M1 Bibelzitat

**„Denn als ich hungrig war, habt ihr mir zu essen gegeben. Als ich Durst hatte, bekam ich von euch etwas zu trinken. Ich war ein Fremder bei euch, und ihr habt mich aufgenommen."
(Matthäus 25,35, Hoffnung für alle)**

„Denn als ich hungrig war,

habt ihr mir zu essen gegeben.

Als ich Durst hatte,

bekam ich von euch etwas zu trinken.

Ich war ein Fremder bei euch,

und ihr habt mich aufgenommen."

(Matthäus 25,35, Hoffnung für alle)

M2 „Ich war fremd und obdachlos ...“

„Denn als ich hungrig war, habt ihr mir zu essen gegeben. Als ich Durst hatte, bekam ich von euch etwas zu trinken. Ich war ein Fremder bei euch, und ihr habt mich aufgenommen.“ (Matthäus 25,35, Hoffnung für alle)

Aufgaben

1. *Lies in der Bibel (Matthäus 25,31–46): In welchem Zusammenhang kommt der Text vor? Worum geht es? Notiere Stichwörter.*

____

____

____

2. *Welche Aussagen passen wie gut zu dem biblischen Zitat?*

a) „Jesus hat ja auch zu den Menschen gesagt: Liebe deinen Nächsten wie dich selbst.“

passt gar nicht — passt perfekt

b) „Unser Land sollte mehr für Geflüchtete tun.“

passt gar nicht — passt perfekt

c) „Es geht nicht nur darum, Menschen aufzunehmen. Man muss ihnen auch helfen.“

passt gar nicht — passt perfekt

d) „Jeder von uns könnte einmal in eine Notlage gerate und auf Hilfe angewiesen sein.“

passt gar nicht — passt perfekt

e) „Menschen in Not sind auf Unterstützung angewiesen.“

passt gar nicht — passt perfekt

3. *Welche Aufträge kann man aus dem biblischen Zitat ableiten? Notiere Beispiele in deinem Heft.*

M3 Wie helfen?

zuhören	**Lebensmittel**	**Kleidung**
Unterkunft	**Spielsachen**	**Internet**
Sprache	**Treffpunkt**	**Arbeit**
Ehrlichkeit	**Ansprechpersonen**	**Musik**
Schutz	**Würde**	**Gesetze**
Gemeinschaft	**Veranstaltungen/ Events**	**Sport**
Kirche	**Freizeit**	**beten**
Informationen	**spenden**	**fragen**

Vorurteile

Vorbereitung

Klassenstufen: 7–10
Lehrplanbezug: Nächstenliebe, Diakonie, Ethik
Zeitbedarf: ca. 2–3 Unterrichtsstunden
Material: **M1** 1 x pro Schüler*in kopieren; ggf. **M1** 1 x auf Folie kopieren; **M2** in ausreichender Anzahl kopieren und zerschneiden; **M3** und **M4** 1 x pro Schüler*in kopieren

Einstieg

- Verteilen Sie **M1** „Alle?" an die Schüler*innen.
- Alternativ können Sie die Vorurteile auch an die Wand projizieren oder im Raum auslegen.
- Die Schüler*innen bearbeiten **M1** „Alle?" zu zweit. Die Ergebnisse werden im Plenum zusammengetragen (ca. 15 Min.).
- Die Schüler*innen erhalten einen Zettel mit dem Satzanfang „Alle Geflüchteten …" (**M2** „Satzanfang"). Sie überlegen sich zu zweit eine positive Aussage und notieren diese (ca. 5 Min.).
- Anschließend findet ein Unterrichtsgespräch über den Unsinn von pauschalisierenden „Alle …"-Aussagen statt. Haben die Schüler*innen schon eigene Erfahrungen mit Vorurteilen gemacht? Welche stören sie am meisten? (ca. 20 Min.)

Erarbeitungsphase

- Die Schüler*innen bearbeiten **M3** „Vorurteile abbauen". Aufgabe 1 wird zunächst allein, die Aufgaben 2 und 3 dann zu zweit oder in Gruppen (ca. vier bis fünf Schüler*innen je Gruppe) bearbeitet. Anschließend stellt je eine Gruppe die Ergebnisse von Aufgabe 2 vor. Die anderen Gruppen ergänzen. Je eine Gruppe stellt nun die Ergebnisse von je einem Beispiel von Aufgabe 3 vor. Danach wird die Aufgabe 4 in einem Klassengespräch besprochen (ca. 30 Min.).
- Als praktische Übung können die Schüler*innen zu zweit in Rollenspielen verschiedene Verhaltensmuster ausprobieren. Konfrontieren Sie sie z. B. mit folgenden Situationen: Im Bus machen sich zwei Jugendliche über einen Geflüchteten lustig; in der Schule lästert eine Gruppe Jugendlicher über Geflüchtete; der Opa äußert sich beim Geburtstag abfallend über Menschen aus anderen Ländern usw. Mehrere Paare führen ihre Rollenspiele vor, die anderen geben Feedback: Wie beurteilen sie die dargestellten Verhaltensweisen? Welche Alternativen gibt es? (ca. 30 Min.)

Abschluss

- Die Schüler*innen erhalten (nochmals) einen Zettel mit dem Satzanfang „Alle Geflüchteten …" (**M2** „Satzanfang"). Sie notieren einen Wunsch oder eine wertschätzende Aussage, z. B.: „Alle Geflüchteten wünschen sich, respektvoll behandelt zu werden.", „Alle Geflüchteten träumen von Frieden.", … (ca. 5 Min.)
- Als Hausaufgabe können die Schüler*innen den Beobachtungsauftrag **M4** „So wird über Geflüchtete gesprochen" bearbeiten. Da die Antworten evtl. sehr persönlich ausfallen, sollten die Ergebnisse in der nächsten Stunde nicht im Detail besprochen werden. Es ist sinnvoller, die Schüler*innen um eine grundsätzliche Rückmeldung zu bitten: Was hat euch überrascht? Was ist euch bewusst geworden? (ca. 5 Min.)
- Als Vertiefung können Sie mit den Schüler*innen Ideen sammeln, wie sich differenzierter über Geflüchtete sprechen lässt: Worauf kommt es an? Welchen Beitrag können sie leisten? (ca. 10 Min.)

Erwartungshorizont/Lösungen

M1 Alle?

1. mögliche Lösungen: Alle Aussagen klingen ziemlich absurd und entsprechen nicht der Realität. In der Realität liest und hört man fast nur negative „Alle …"-Vorurteile. Allgemeine Formulierungen wie „Alle …" sind immer problematisch, da alle in den gleichen Topf geworfen werden.
2. mögliche Lösungen: Evtl. hören manche Menschen nur die Berichte aus den Medien und die sind meistens negativ bzw. meistens berichten die Medien nur über Geflüchtete, wenn etwas Negatives passiert. Viele haben keine persönlichen Kontakte zu Geflüchteten, deshalb sind sie ihnen unvertraut und es können dadurch eher negative Gefühle entstehen.

M2 Satzanfang
individuelle Lösung

M3 Vorurteile abbauen

1. mögliche Lösungen: Stimmt das wirklich? Woher weißt du das so genau? Haben sie dir das so erzählt? Hast du schon einmal mit ihnen gesprochen? Vielleicht machen sie nur gerade eine Pause oder sie sind auf dem Heimweg. Du wirst sie ja wohl nicht die ganze Zeit beobachtet haben?

2. mögliche Lösungen:

Dos	**Don'ts**
• andere auf ihre negativen Aussagen aufmerksam machen • kritisch nachfragen: Woher weißt du das? Stimmt das wirklich? • dein Befremden mitteilen • für Respekt einsetzen • …	• die Meinung der Gesprächspartner*innen bestätigen • die Konfrontation suchen • den Gesprächspartner*innen drohen • …

3. mögliche Lösungen:
online: in die Diskussionen einschalten und Position für Geflüchtete beziehen, Hassbotschaften melden, auf positive Beispiele hinweisen, …
zu Hause: diskutieren, für Geflüchtete Position ergreifen, Geflüchtete einladen, …
in der Schule: Geflüchteten Unterstützung anbieten, Infoplakate gestalten, …
in der Bahn oder im Bus: eingreifen, wenn jemand diskriminiert wird (Aus Sicherheitsgründen andere auffordern, dich zu unterstützen!), als Zeuge*Zeugin zur Verfügung stehen, …

4. mögliche Lösungen: selbst der Sache auf den Grund gehen, z. B. mit Betroffenen sprechen, selbst recherchieren und Informationen auf den Wahrheitsgehalt hin prüfen; Kontakte zu Betroffenen aufbauen: Je besser man sie kennt, umso mehr merkt man, dass es individuell große Unterschiede gibt; kritisch nachfragen, wenn jemand Vorurteile verbreitet, ihn freundlich darauf hinweisen, dass es sich evtl. bloß um ein Vorurteil handeln könnte; …

M4 So wird über Geflüchtete gesprochen

1. + 2. individuelle Lösung

M1 Alle?

Aufgaben

1. *Lest die folgenden Aussagen. Was lösen die verschiedenen Zitate bei euch aus? Was ist daran problematisch? Diskutiert zu zweit.*

a) „Alle Geflüchteten sind weiblich."

b) „Alle Geflüchteten sind sehr sportlich."

c) „Alle Geflüchteten sind Sprachtalente."

d) „Alle Geflüchteten ernähren sich vegan."

e) „Alle Geflüchteten mögen Rosen."

2. *Warum haben Menschen Vorurteile gegenüber Geflüchteten? Deutet zu zweit die Stichwörter unten.*

Angst	Neid	Benachteiligung	Missverständnisse	Medien

M2 Satzanfang

Alle Geflüchteten ______________________________

____

Alle Geflüchteten ______________________________

____

Alle Geflüchteten ______________________________

____

Alle Geflüchteten ______________________________

____

Alle Geflüchteten ______________________________

____

M3 Vorurteile abbauen

Anna schreibt in euren Gruppenchat: „Mich nerven die Geflüchteten total! Die hängen den ganzen Tag an der Bushaltestelle rum und stehen im Weg. Dabei …"

Aufgaben

1. Wie bringst du dich in den Chat ein? Schreibe Anna eine Antwort.

____

____

____

____

2. Worauf ist zu achten, wenn man auf negative Aussagen zu Geflüchteten reagieren möchte? Ergänzt die Tabelle mit Dos und Don'ts.

Dos	**Don'ts**

3. Was kannst du tun, um Vorurteile gegenüber Geflüchteten abzubauen?

online: ____________________________________

____

zu Hause: __________________________________

____

in der Schule: _______________________________

____

in der Bahn oder im Bus: _______________________

____

4. Was hilft, Vorurteile abzubauen? Diskutiert miteinander.

M4 So wird über Geflüchtete gesprochen

Aufgaben

1. *Beobachte, wie über Geflüchtete gesprochen und berichtet wird, und halte deine Beobachtungen fest.*
2. *Was hättest du nicht erwartet? Was hat dich überrascht? Notiere in deinem Heft.*

Wo	Wie	Beispiele	Welche Emotionen?
online			
im Fernsehen, im Radio, in Zeitungen, …			
bei Gesprächen im Bus, in der Bahn, im Café, …			
in deiner Klasse bzw. an deiner Schule			
in deiner Familie			
du			

Auf der Flucht

Vorbereitung

Klassenstufen: 8–10
Lehrplanbezug: Flucht, Krieg, Gewalt, Schöpfung, Klimawandel, Globalisierung
Zeitbedarf: ca. 2–3 Unterrichtsstunden
Material: **M1** 1 x pro Schüler*in kopieren; ggf. **M1** 1 x auf Folie kopieren; ggf. jede Frage von **M1** 1 x separat kopieren, Klebeband, ausreichend Post-its; **M2** 1 x pro Schüler*in bzw. in ausreichender Anzahl kopieren; **M3–M5** 1 x pro Schüler*in kopieren; ggf. Zettel mit Ländern vorbereiten; ggf. Informationen zu Fluchtursachen je Land für eine Rechercheaufgabe bereitstellen; 1 bis 2 Kopien von **M4** mit den Lösungen vorbereiten; ggf. Informationen zu verschiedenen Klima-Projekten für eine Rechercheaufgabe bereitstellen; leere Zettel; DIN-A4-Blätter mit Fluchtursachen vorbereiten

Einstieg

- Die Schüler*innen erhalten **M1** „Fragebogen: du auf der Flucht" und füllen ihn aus (ca. 15 Min.).
- Alternativ können Sie die Klasse auch in Form eines Impulses mit den Fragen konfrontieren. Projizieren Sie die Fragen dazu nacheinander an die Wand und geben Sie den Schüler*innen nach jeder Frage kurz Zeit zum Nachdenken (ca. 10 Min.).
- Oder Sie stellen den Fragebogen digital zur Verfügung (z. B. über Mentimeter) und lassen ihn ausfüllen. So können Sie die Ergebnisse anonym sichtbar machen (ca. 10 Min.).
- Als dritte Alternative können Sie mit den Fragen auch einen Stationenweg gestalten: Hängen Sie die Fragen verteilt an die Wände im Klassenzimmer. Die Schüler*innen spazieren zu zweit herum und notieren ihre Gedanken auf Post-its, die sie zu den Fragen kleben (ca. 15 Min.).
- Anschließend findet ein kurzer mündlicher Austausch im Plenum statt: Was ist den Lernenden durch den Kopf gegangen? Was haben die Fragen bei ihnen ausgelöst? Welche Frage / welcher Gedanke hat sie am meisten beschäftigt? (ca. 5 Min.)

Erarbeitungsphase

- Als Überleitung könnten Sie die Schüler*innen bitten, möglichst viele Fluchtursachen aufzuzählen. Die Ideen werden an der Tafel notiert, z. B.: Krieg, Gewalt, Hungersnot, Arbeitslosigkeit, Diskriminierung (z. B. aufgrund der Religion, des Geschlechtes oder der sexuellen Orientierung), Umweltkatastrophen, … (ca. 5 Min.)
- Die Schüler*innen erhalten **M2** „Warum bist du auf der Flucht?" und bearbeiten es (ca. 15 Min.).
- Alternativ können Sie jeweils zwei Schüler*-innen eine Aussage geben. Sie lesen sie und diskutieren die Fluchtursache. Anschließend stellen einige Paare ihre Aussage vor und nennen die Fluchtursache (ca. 10 Min.).
- An der Tafel stehen verschiedene Länder, s. **M3** „So viele Menschen auf der Flucht". Alternativ können Sie die Länder auf je einen Zettel schreiben und diese im Raum auslegen – oder Sie teilen jeder Gruppe ein Set mit den Ländern aus. Die Schüler*innen versuchen mittels einer Recherche herauszufinden, aus welchen Ländern die meisten Geflüchteten kommen. Falls den Schüler*innen keine digitalen Geräte mit Online-Zugang im Klassenzimmer zur Verfügung stehen, können Sie auch Ausdrucke im Klassenzimmer mit den entsprechenden Informationen für die Schüler*innen auslegen (ca. 5 Min.).
- Alternativ kann diese Aufgabe auch als Hausaufgabe bearbeitet werden (ca. 5 Min.).
- Verteilen Sie anschließend **M3** „So viele Menschen auf der Flucht" an die Schüler*innen. So können sie selbstständig überprüfen, ob sie richtig gelegen haben (ca. 5 Min.).
- Anschließend bearbeiten die Schüler*innen **M4** „Fluchtursachen" (ca. 20 Min.).
- Legen Sie ein bis zwei Kopien von **M4** „Fluchtursachen" mit den richtigen Lösungen auf Ihren Tisch. Die Schüler*innen können nacheinander nach vorne kommen und diese mit ihren Lösungen vergleichen (ca. 5 Min.).
- Die Schüler*innen bearbeiten nun **M5** „Klimageflüchtete". Falls den Schüler*innen keine digitalen Geräte mit Online-Zugang im Klassenzimmer zur Verfügung stehen, können Sie auch verschiedene Ausdrucke im Klassenzimmer mit den entsprechenden Informationen für die Schüler*innen auslegen (ca. 25 Min.).
- Alternativ kann diese Aufgabe auch als Hausaufgabe bearbeitet werden (ca. 5 Min.).

- Die Ergebnisse werden im Plenum besprochen: Bitten Sie mehrere Schüler*innen, den Zusammenhang von Klimawandel und Flucht mit eigenen Worten zu erklären. Sie dürfen dabei **M5** „Klimageflüchtete" zu Hilfe nehmen (ca. 5 Min.).

Abschluss

- Zeigen Sie nochmals auf die verschiedenen Fluchtursachen, die Sie zu Beginn der Erarbeitungsphase an der Tafel notiert haben. Ergänzen Sie fehlende Beispiele. Die Schüler*innen wählen ein Beispiel aus und notieren auf einem Zettel eine Idee, was wir, die Staaten usw. unternehmen müssen, um diese Fluchtursache zu beseitigen (ca. 5 Min.).
- Schreiben Sie die Fluchtursachen auf je ein DIN-A4-Blatt und legen sie diese an verschiedenen Stellen im Klassenzimmer aus. Nun platzieren die Schüler*innen ihre Ideen bei der passenden Fluchtursache. Bitten Sie bei jeder Fluchtursache eine*n Schüler*in, die Beispiele vorzulesen (ca. 5 Min.).
- Als Vertiefung könnten Sie den Schüler*innen die Lektüre von „Krieg. Stell Dir vor, er wäre hier" von Janne Teller empfehlen. Ggf. können Sie auch Ausschnitte gemeinsam im Unterricht lesen.

Erwartungshorizont/Lösungen

M1 Fragebogen: du auf der Flucht

1. + 2. mögliche Lösungen: a) Handy, Fotos, Getränkeflasche, Schlafsack, …; b) mir mein Zuhause ganz genau anschauen, einen Brief hinterlassen, mich verabschieden, …; c) die Menschen, die mir wichtig sind, unsere Wohnung, die Landschaft, …; d) Gefahren, Kriminalität, Hunger, dass ich betrogen werde, dass ich ganz alleine bin, …

M2 Warum bist du auf der Flucht?

1. a) Hunger, Armut, Klimawandel; b) Krieg/Gewalt; c) Diskriminierung, keine Glaubensfreiheit, Verletzung der Menschenrechte; d) Diskriminierung/Verletzung der Menschenrechte; e) Armut, Arbeitslosigkeit, Wirtschaftsgeflüchtete
2. individuelle Lösung

M4 Fluchtursachen

1. mögliche Lösungen: Krieg, Gewalt, Arbeitslosigkeit, Klimawandel, …
2. a) große Armut und Bandenkriege seit vielen Jahrzehnten: **Ecuador**
b) Bürgerkrieg, der Staat unterdrückt die Bevölkerung brutal: **Syrien**
c) Russland hat das Land angegriffen: **Ukraine**
d) immer mehr Dürren: **Sudan**
e) Armut und Unterdrückung durch die Terrorgruppe Taliban: **Afghanistan**
3. Die Anzahl an Menschen auf der Flucht nimmt immer mehr zu. Ursachen dafür könnten sein: die Auswirkungen des Klimawandels sind immer mehr spürbar; es gibt zu wenig Maßnahmen, die Menschen in Not helfen; …

M5 Klimageflüchtete

1. mögliche Lösungen: Trockenheit, Tsunamis, Stürme, Gewitter, heiße Sommer, zu kalte Winter, ...
2. mögliche Lösungen: Dürren, Waldbrände, Überschwemmungen, Überhitzung, …
3. Der Klimawandel wird für eine Zunahme von Wetterextremen sorgen und er wird zu immer mehr Umweltkatastrophen in immer mehr Regionen der Welt führen. Entsprechend wird die Zahl der Flüchtenden weiter zunehmen.
4. mögliche Lösungen: Die meisten Projekte zielen darauf ab, die Auswirkungen des Klimawandels abzuschwächen und zudem Arbeitsplätze vor Ort zu schaffen (Die Menschen vor Ort werden in die Projekte eingebunden.), deshalb haben diese Projekte einen doppelten Nutzen. Aber von diesen Projekten profitiert die ganze Welt: Wenn die Auswirkungen des Klimawandels regional abgeschwächt werden, wirkt sich das in der Regel positiv auf das Klima auf der ganzen Welt aus.

M1 Fragebogen: du auf der Flucht

Aufgaben

1. *Lasse dich auf folgendes Gedankenexperiment ein: Stell dir vor, du musst flüchten und deine Heimat verlassen. Du hast nur 30 Minuten Zeit für die Vorbereitungen. Fülle den Fragebogen aus.*
2. *Tauscht euch zu zweit aus und vergleicht eure Antworten.*

a) Welche fünf Dinge würdest du in einem Rucksack mitnehmen?

b) Was würdest du in den 30 Minuten noch machen?

c) Was würdest du an deiner Heimat am meisten vermissen?

d) Wovor hättest du am meisten Angst?

M2 Warum bist du auf der Flucht?

Aufgaben

1. *Lies die Aussagen. Warum haben sich die Menschen entschlossen, ihre Heimat zu verlassen? Schreibe die Ursache als Stichwort unter jede Aussage.*
2. *Wähle eine Aussage aus und schreibe in dein Heft einen kurzen Brief oder eine WhatsApp-Nachricht an die Person, die diese Aussage getätigt hat: Was wünschst du dieser Person? Worauf möchtest du sie aufmerksam machen?*

a) „Drei Sommer lang hat es kaum geregnet. Auf unseren Feldern ist alles verdorrt. Dieses Jahr kamen Experten aus Europa zu uns. Ich konnte mit ihnen sprechen: Der Klimawandel wird noch mehr dafür sorgen, dass der Regen ausbleibt. Aber wenn nichts mehr auf den Feldern wächst, können wir nichts ernten. Wir können kein Gemüse mehr verkaufen und wir haben auch selbst nichts zu essen."

___

b) „Schon seit ich ein Kind bin, herrscht bei uns Krieg. Jeden Tag Gewalt und Terror. Wie soll man da an eine Zukunft glauben?"

___

c) „Früher konnten wir unseren Glauben leben, aber in letzter Zeit ist die Feindseligkeit immer größer geworden. Die Regierung verfolgt alle Menschen, die einen anderen Glauben haben."

___

d) „Die Gefühle waren zunächst ziemlich verwirrend, bis mir klar wurde, dass ich ein Mädchen liebe. Zwei Mädchen, die Händchen haltend durch die Stadt spazieren? In meinem Land undenkbar! Man würde uns gleich verhaften oder vielleicht sogar umbringen."

___

e) „In unserem Land haben ein paar wenige Menschen Milliarden, aber die meisten Menschen haben gar nichts. Es gibt kaum Arbeitsplätze, fast alle sind arbeitslos. Überall sieht man Bettler. Und die Regierung unternimmt nichts! Was willst du tun, wenn du keine Arbeit hast?"

___

M3 So viele Menschen auf der Flucht

Weltweit sind über 110 Millionen Menschen auf der Flucht. Die fünf größten Herkunftsländer von Geflüchteten sind:

Syrien – 6,5 Millionen

Afghanistan – 6,1 Millionen

Ukraine – 5,9 Millionen

Venezuela – 5,6 Millionen

Südsudan – 2,2 Millionen

(Zahlen laut: UNO-Flüchtlingshilfe 2023, aktuelle Zahlen unter: www.unhcr.org/mid-year-trends)

M4 Fluchtursachen

Aufgaben

1. *Warum sind Menschen auf der Flucht? Welche Ursachen werden in den Medien und/ oder online meistens genannt? Notiere.*

____

____

2. *Ordne den Fluchtgründen unten das richtige Land zu. Wenn du unsicher bist, kannst du auch noch etwas recherchieren.*

a) große Armut und Bandenkriege seit vielen Jahrzehnten: ______________

b) Bürgerkrieg, der Staat unterdrückt die Bevölkerung brutal: ______________

c) Russland hat das Land angegriffen: ______________

d) immer mehr Dürren: ______________

e) Armut und Unterdrückung durch die Terrorgruppe Taliban: ______________

3. Schau dir die Grafik an. Welche Entwicklung macht sie sichtbar? Was könnten die Gründe dafür sein? Notiere.

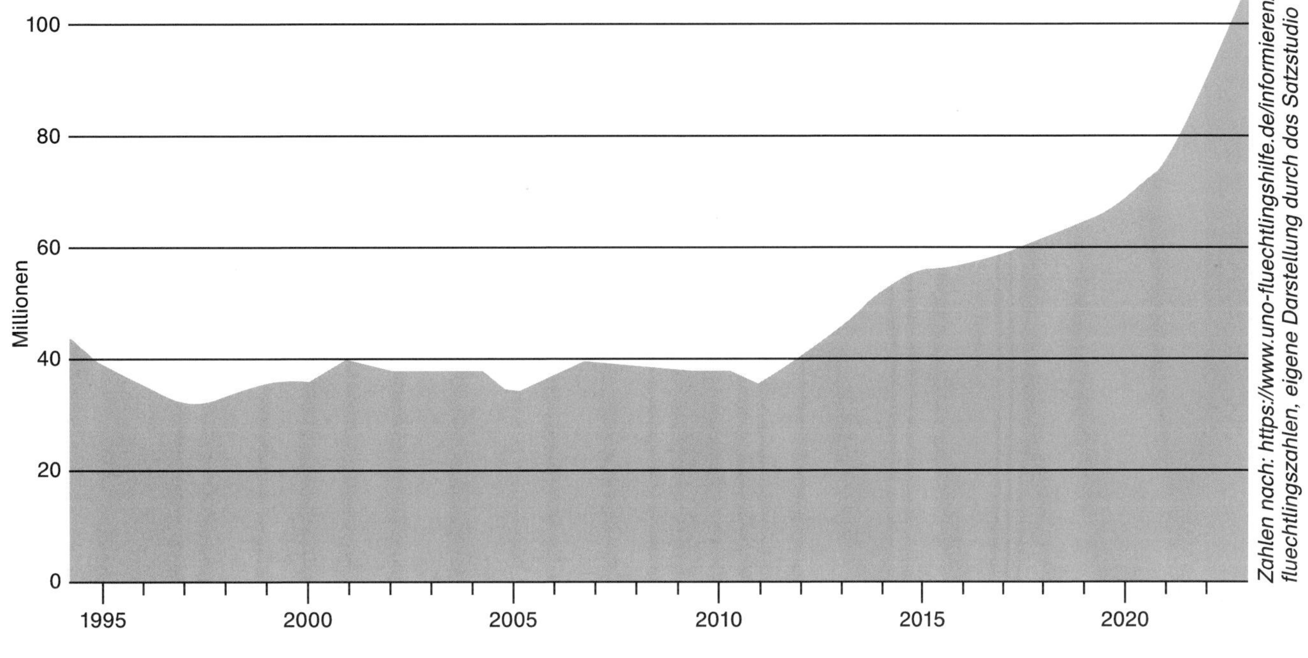

Anzahl an Menschen, die gezwungen waren zu fliehen (1993–2022)

M5 Klimageflüchtete

Aufgaben

1. *Welche Beispiele für Wetterextreme fallen dir ein? Notiere.*

2. *Welche Katastrophen können durch solche Wetterextreme ausgelöst werden? Notiere.*

3. *Wie wird sich der Klimawandel auf die Anzahl an Menschen auf der Flucht auswirken? Erklärt mithilfe der Grafik.*

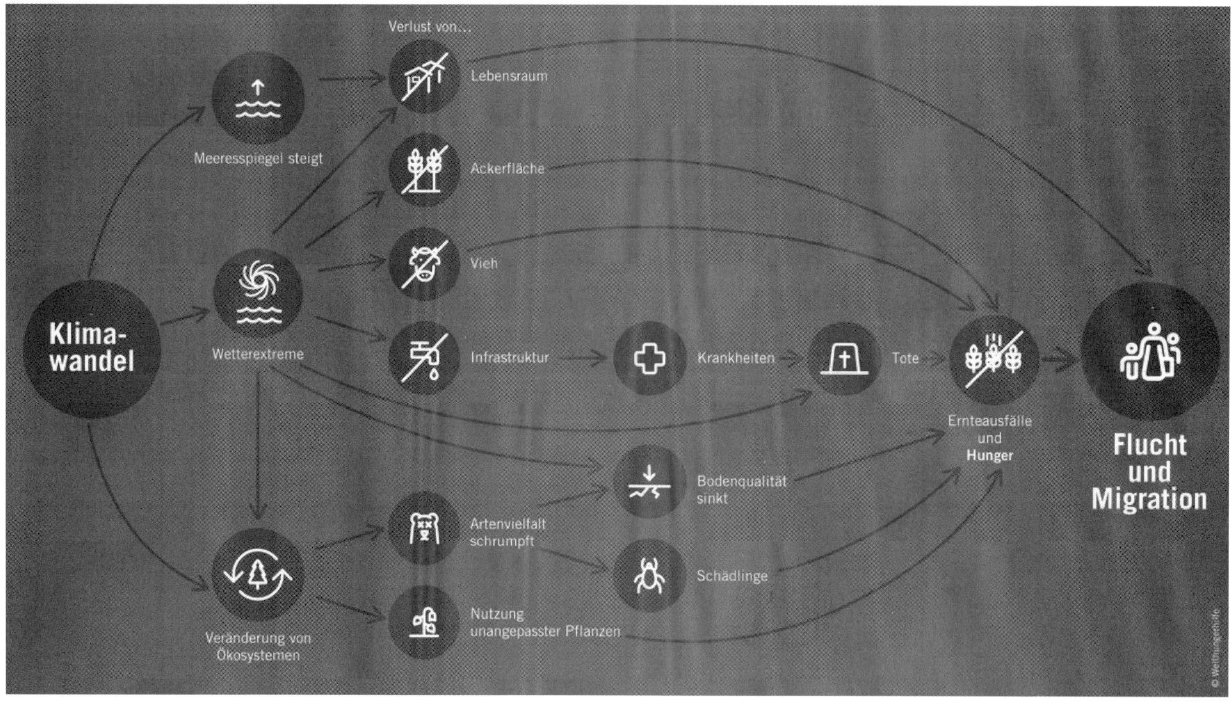

Deutsche Welthungerhilfe, https://www.welthungerhilfe.de/fileadmin/_processed_/2/c/csm_220209_WHH-Klimaflucht_69b339d0bf.png

4. *Sucht Informationen zu Klima-Projekten. Was sollen die Klima-Projekte bewirken? Wie wirken sie sich auf die Anzahl an Klimageflüchteten aus? Erkläre.*
   Beispiel: ein Aufforstungsprojekt in Nicaragua

Recht auf Schutz

Vorbereitung

Klassenstufen: 8–10
Lehrplanbezug: Menschenrechte, Ethik
Zeitbedarf: ca. 2–3 Unterrichtsstunden
Material: ggf. Seil; ggf. **M1** 1 x pro Schüler*in kopieren; ggf. **M1** 1 x auf Folie kopieren; ggf. Zettel mit den Zahlen von **M1**, ausreichend Klebepunkte; **M2–M4** 1 x pro Schüler*in kopieren; ggf. aktuelle Medienmeldung auf Folie; ggf. Nachrichtenvideo + Abspielgerät

Einstieg

- Legen Sie auf einer Linie quer durch das Klassenzimmer (z. B. mit einem Seil o. Ä.) oder in verschiedenen Ecken verschiedene Prozentangaben aus, s. **M1** „Anzahl der unter 18-Jährigen auf der Flucht". Wie viele der Geflüchteten sind unter 18 Jahren? Die Schüler*innen positionieren sich bei einer Zahl (ca. 10 Min.).
- Alternativ können Sie auch eine Kopie von **M1** „Anzahl der unter 18-Jährigen auf der Flucht" verteilen. Jede*r Schüler*in notiert darauf eine Vermutung zur Frage: Wie viele der Geflüchteten sind unter 18 Jahren? Sie können **M1** „Anzahl der unter 18-Jährigen auf der Flucht" auch an die Wand projizieren (ca. 10 Min.).
- Oder Sie legen mehrere Zettel mit möglichen Antwortzahlen im Klassenzimmer aus und die Schüler*innen kleben einen Klebepunkt zu einer Zahl. So können Sie zum Schluss der Stunde nochmals auf diese Einstiegsumfrage zurückkommen und mit den Schüler*innen herausfinden, wie viele auf der richtigen Spur gewesen sind (ca. 10 Min.).

Erarbeitungsphase

- Die Schüler*innen bearbeiten **M2** „Kinder und Jugendliche auf der Flucht" zu zweit (ca. 15 Min.).
- Die Ergebnisse von Aufgabe 1 werden mündlich gesichert: Nennen Sie jeweils das Stichwort und freiwillige Schüler*innen nennen spontan ihre Lösungen. Die Antworten werden nicht bewertet (ca. 10 Min.).
- Zur Ergebnissicherung von Aufgabe 2 erhalten die Schüler*innen **M3** „Recht auf Schutz". Bitten Sie eine*n Schüler*in, die Texte vorzulesen. Evtl. ist es sinnvoll, die Schüler*innen vor Bearbeitung der Aufgaben zu warnen: „Es handelt sich hier mehrheitlich um Gesetzestexte. Diese sind jeweils in einer komplizierten Sprache verfasst – das ist sogar für manche Erwachsene nicht sofort verständlich. Trotzdem lohnt es sich, sich solche Texte genau anzusehen, da sie eine Art Grundlage sind." Ergänzend könnten Sie sich mit den Schüler*innen über die Formulierung dieser Gesetzestexte austauschen: Warum sind sie so formuliert (Sie müssen allgemein gültig sein, sie beziehen sich nicht auf aktuelle Ereignisse, deshalb müssen sie immer wieder interpretiert werden, aber die Auslegung ist oft Ansichtssache und deshalb oft Gegenstand heftiger Diskussionen usw.)? (ca. 10 Min.)
- Anschließend markieren die Schüler*innen im Text alle Begriffe, die sie nicht verstehen, in Einzelarbeit (Aufgabe 1 von **M3** „Recht auf Schutz", ca. 5 Min.).
- Nun versuchen die Schüler*innen zu zweit, sich diese Begriffe zu erklären (Aufgabe 2 von **M3** „Recht auf Schutz", ca. 10 Min.).
- Anschließend werden die Begriffe im Klassenverband besprochen (ca. 10 Min.).
- Sichern Sie die Ergebnisse von Aufgabe 3 von **M3** „Recht auf Schutz" im Plenum. Erkundigen Sie sich bei den Schüler*innen, ob alle Texte für sie verständlich waren (ca. 10 Min.).

Abschluss

- Die Schüler*innen beantworten Aufgabe 1 auf **M4** „Schutz für Kinder und Jugendliche auf der Flucht" mündlich im Plenum. Überlegen Sie sich ein bis zwei aktuelle Beispiele und stellen Sie diese kurz mündlich vor, um die Relevanz deutlich zu machen. Evtl. können Sie dazu auch eine aktuelle Medienmeldung an die Wand projizieren oder ein Nachrichtenvideo zeigen (ca. 10 Min.).
- Die Schüler*innen gestalten mithilfe von Aufgabe 2 auf **M4** „Schutz für Kinder und Jugendliche auf der Flucht" in Gruppen (ca. vier bis fünf Schüler*innen je Gruppe) Plakate und/oder Social-Media-Posts, mit denen sie auf minderjährige Geflüchtete aufmerksam machen bzw. für deren Schutz werben. Inspiration finden sie auf **M4** „Schutz für Kinder und Jugendliche auf der Flucht". Evtl. sollten Sie vorab mit den Schüler*innen ein Brainstorming machen: Worauf ist bei solchen Plakaten/Posts zu achten? Z. B.: nicht drohen oder

beleidigen, Botschaft darf nicht zu komplex sein, … (ca. 20 Min.)
- Alternativ können Sie die ausgeschnittenen Slogans im Raum auslegen und die Schüler*innen bearbeiten Aufgabe 2 anschließend (ca. 20 Min.).
- Kommen Sie ggf. auf die Einstiegsumfrage „Wie viele der Geflüchteten sind unter 18 Jahren?“ zurück: Wie viele der Lernenden waren am Anfang auf der richtigen Spur? Was haben sie in dieser Stunde gelernt, was ist ihnen bewusst geworden? (ca. 10 Min.)

Erwartungshorizont/Lösungen

M1 Anzahl der unter 18-Jährigen auf der Flucht
richtige Lösung: 40 Prozent, Zahlen laut: UNO-Flüchtlingshilfe 2023: www.uno-fluechtlingshilfe.de/hilfe-weltweit/fluechtlingsschutz/fluechtlingskinder

M2 Kinder und Jugendliche auf der Flucht
1. mögliche Lösungen: Familie: vermissen, Liebe fehlt, …; Lebensmittel: selbst organisieren, mit welchem Geld? …; Sicherheit: Was, wenn ich auf Kriminelle hereinfalle? Wer beschützt mich? …; Informationen: Wie finde ich heraus, wo ich Hilfe bekomme, wo ich hin kann, wer mir hilft, welche Regeln in diesem neuen Land gelten? …; Sprache: Wie kann ich mich verständigen? Wer hilft mir, wenn ich etwas nicht verstehe? …
2. mögliche Lösungen: besonders hohe Strafen, wenn Erwachsene Kindern und Jugendlichen Gewalt antun; wenn Polizei/Grenzkontrolle Kinder und Jugendliche entdeckt, müssen sie diese in Sicherheit bringen; legale Fluchtwege für Kinder und Jugendliche etablieren; …

M3 Recht auf Schutz
1. + 2. individuelle Lösung
3. a) Menschenrechte; b) UN-Kinderrechtskonvention; c) UN-Kinderrechtskonvention; d) Menschenrechte

M4 Schutz für Kinder und Jugendliche auf der Flucht
1. Aktuelle Zahlen und Informationen sollten recherchiert werden (Diese hängen von aktuellen Ereignissen, den Zahlen der Geflüchteten und deren konkreten Bedürfnisse ab (je nach Fluchtursache und Herkunft individuell).), aber grundsätzlich gilt: mehr Unterstützung für Kinder/Jugendliche, z. B.: Bildung ermöglichen, keine Diskriminierung bei Ausbildungsplätzen usw., minderjährige Geflüchtete prioritär behandeln, …
2. Man müsste „Werbung“ für diese Gesetze machen und noch mehr auf die Situation von Geflüchteten aufmerksam machen; Kinder und Jugendliche informieren; Politiker*innen motivieren, sich mehr für Geflüchteten einzusetzen; die Medien sollten mehr darüber berichten; …
3. individuelle Lösung

M1 Anzahl der unter 18-Jährigen auf der Flucht

Insgesamt sind über 110 Millionen Menschen weltweit auf der Flucht. Wie viele davon sind Kinder und Jugendliche?

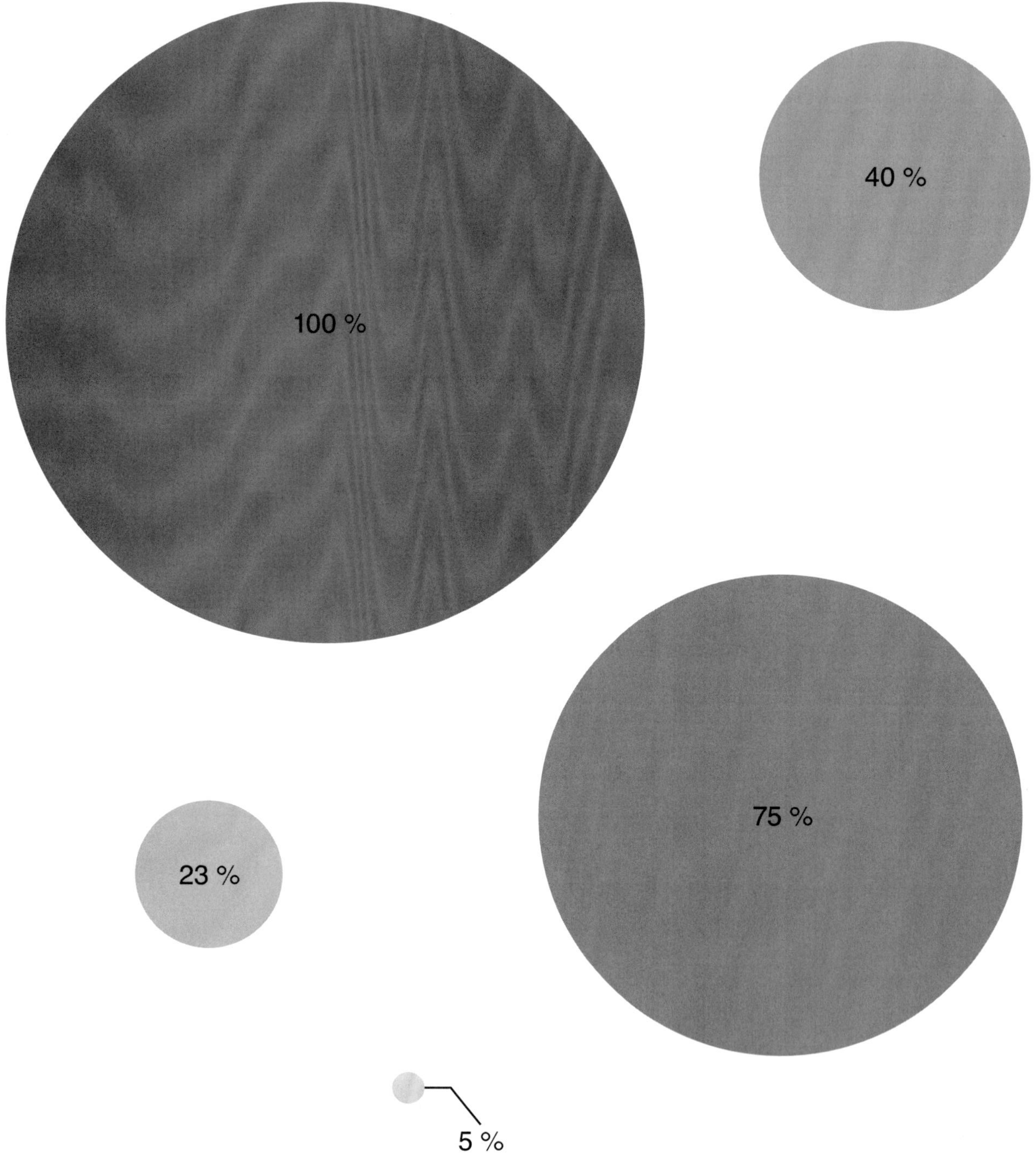

nach: https://www.uno-fluechtlingshilfe.de/hilfe-weltweit/fluechtlingsschutz/fluechtlingskinder, eigene Darstellung durch das Satzstudio

M2 Kinder und Jugendliche auf der Flucht

Ich bin Ahmid und 12 Jahre alt. Ich bin einer von vielen Jugendlichen, die auf der Flucht sind. Manche Kinder und Jugendliche sind ohne ihre Eltern geflüchtet. Manche haben auf der Flucht ihre Eltern oder Geschwister verloren und müssen sich allein durchschlagen. Was die Wenigsten bei euch wissen: Fast die Hälfte (rund 40 Prozent) aller Menschen auf der Flucht sind unter 18! Zudem gibt es viele Kinder, die während der Flucht geboren wurden und die von Beginn ihres Lebens an auf der Flucht waren. In Deutschland leben übrigens rund 30.000 unbegleitete minderjährige Geflüchtete.

Aufgaben

1. *Was würde euch besonders schwerfallen, wenn ihr allein flüchten müsstet? Schreibt eure Ideen zu den Schlagwörtern in die Mindmap.*

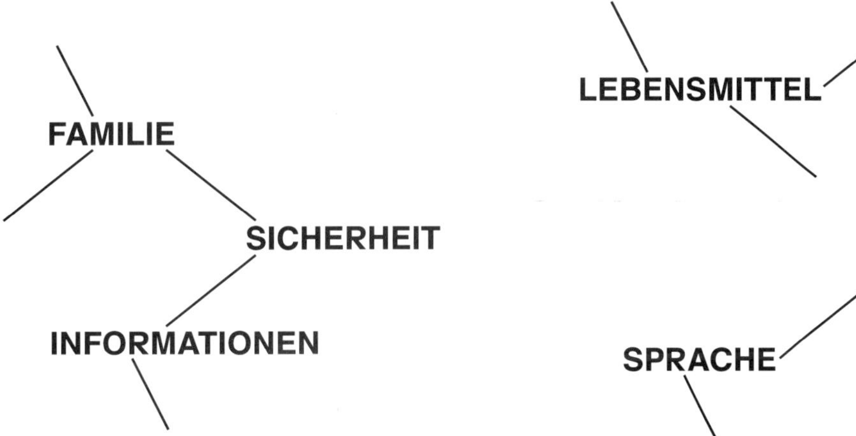

2. *Welche Regeln/Gesetze sollten gelten, um Kinder und Jugendliche auf der Flucht zu schützen? Notiert eure Ideen.*

M3 Recht auf Schutz

Das Recht, Asyl zu suchen, ist ein Menschenrecht.

Aufgaben

1. *Lies die Informationen zu den Asylrechten. Markiere Wörter, die du nicht verstehst.*
2. *Kläre mit einem Partner die Bedeutung der Wörter, die ihr markiert habt.*

a) „Jeder hat das Recht, in anderen Ländern vor Verfolgung Asyl zu suchen und zu genießen."

(Artikel 14 Paragraf 1., 217 A (III). Resolution der Generalversammlung. Allgemeine Erklärung der Menschenrechte,10.12.1948, S. 3, https://www.un.org/depts/german/menschenrechte/aemr.pdf)

b) „Das Recht, Asyl zu suchen, steht [...] unter staatlichem Vorbehalt. Demnach ist es das Recht eines jeden Menschen vor Verfolgung über Landesgrenzen hinweg zu fliehen und in einem anderen Staat Asyl zu beantragen. Das Recht ‚zu suchen' beinhaltet jedoch keineswegs ein Recht, Asyl ‚zu erhalten'. [...] Die verantwortlichen Stellen in den jeweiligen Staaten haben demnach die Möglichkeit, der Bitte um Asyl nicht nachzukommen [= es abzulehnen]."

(Deutsche Gesellschaft für die Vereinten Nationen e.V.: Flucht und Asyl, https://menschenrechte-durchsetzen.dgvn.de/menschenrechte/flucht-und-asyl#ca12533)

c) „Die Vertragsstaaten verpflichten sich, die für sie verbindlichen Regeln des in bewaffneten Konflikten anwendbaren humanitären Völkerrechts, die für das Kind Bedeutung haben, zu beachten und für deren Beachtung zu sorgen.
Die Vertragsstaaten treffen alle durchführbaren Maßnahmen, um sicherzustellen, dass Personen, die das fünfzehnte Lebensjahr noch nicht vollendet haben, nicht unmittelbar an Feindseligkeiten teilnehmen. [...]
Im Einklang mit ihren Verpflichtungen nach dem humanitären Völkerrecht, die Zivilbevölkerung in bewaffneten Konflikten zu schützen, treffen die Vertragsstaaten alle durchführbaren Maßnahmen, um sicherzustellen, dass von einem bewaffneten Konflikt betroffene Kinder geschützt und betreut werden."

(Artikel 38 Paragraf 1, 2 und 4., Die UN-Kinderrechtskonvention. Regelwerk zum Schutz der Kinder weltweit, https://www.unicef.de/informieren/ueber-uns/fuer-kinderrechte/un-kinderrechtskonvention)

> Information: Jeder Mensch hat das Recht, wenn er verfolgt wird, über die Landesgrenze zu fliehen und in einem anderen Staat/Land Aufnahme zu beantragen. Doch dieser Antrag bedeutet nicht, dass er das Asyl/die Aufnahme auch erhält. Jeder Staat hat die Möglichkeit, ein Asylgesuch abzulehnen

3. *Ordne die Beschreibungen den Kategorien Menschenrechte oder UN-Kinderrechtskonvention zu.*

a) Asyl suchen heißt: Schutz suchen vor Verfolgung: ____________________

b) Kinder und Jugendliche müssen besonders geschützt werden: ____________________

c) Bei einem Krieg dürfen die Kinder nicht vergessen werden: Es braucht Menschen, die sie betreuen und ihnen helfen: ____________________

d) Fliehen zu können, ist ein Menschenrecht: ____________________

M4 Schutz für Kinder und Jugendliche auf der Flucht

Aufgaben

1. *Überlegt euch aktuelle Beispiele von Kindern und Jugendlichen, die von Flucht betroffen sind: Welche Auswirkungen hätten die Asylrechte (siehe M3 „Recht auf Schutz") bei aktuellen Ereignissen in eurem Land oder weltweit für diese Kinder und Jugendlichen bzw. für die Erwachsenen?*

2. *Wie könnte man diese Rechte bekannter machen?*

3. *Gestaltet Plakate und/oder Social-Media-Posts, um Werbung für diese Rechte zu machen. Ihr könnt euch an den Beispielen unten orientieren.*

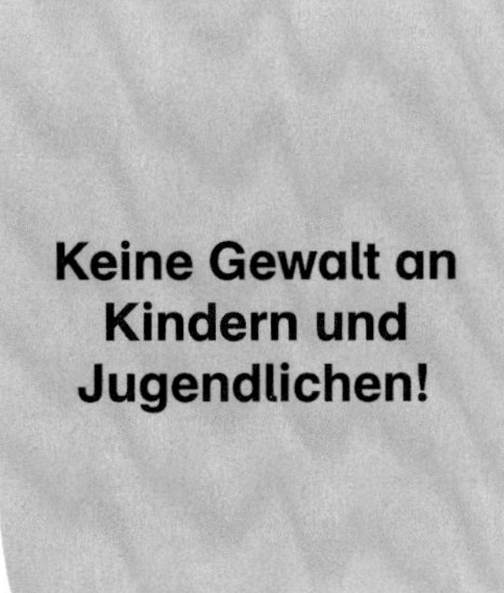

Medizinische und therapeutische Betreuung!

Wie hilft die Kirche den Geflüchteten?

Vorbereitung

Klassenstufen: 5–8
Lehrplanbezug: Flucht, Nächstenliebe, Diakonie
Zeitbedarf: ca. 3–4 Unterrichtsstunden
Material: 1 Plakat pro Kleingruppe, Filzstifte; **M1** 1 x pro Schüler*in kopieren; **M2** 1 x pro Schüler*in kopieren; **M3** ggf. zum Vorlesen vorbereiten; **M4** 1 x pro Schüler*in kopieren, 1 bis 2 Kopien von **M4** mit den richtigen Lösungen erstellen; **M5** und **M6** 1 x pro Schüler*in kopieren

Einstieg

- Die Klasse wird in Kleingruppen (ca. drei bis vier Schüler*innen je Kleingruppe) aufgeteilt. Jede Gruppe erstellt auf einem Plakat eine Liste: Was benötigen/brauchen Geflüchtete? Machen Sie darauf aufmerksam, dass jeder Themenbereich nur einmal aufgeführt werden darf (z. B. Kleidung – und nicht: Jeans, T-Shirt, ...) (ca. 10 Min.).
- Einige Kleingruppen stellen ihre Listen vor. Welche Gruppe hat die meisten Beispiele gefunden? (ca. 10 Min.)

Erarbeitungsphase

- Die Schüler*innen erhalten **M1** „Warum Geflüchteten helfen?“ und bearbeiten es zu zweit. Die Ergebnisse werden mündlich im Klassenverbund gesichert (ca. 15 Min.).
- Leiten Sie nun über zu folgender Frage: Was hat Jesus zum Thema Geflüchtete gesagt? Zeichnen Sie dazu eine leere Sprechblase an die Tafel. Die Schüler*innen nennen spontan ihre Vermutungen, z. B.: Man muss Menschen in Not helfen, man muss Mitleid mit Menschen auf der Flucht haben, ... (ca. 5 Min.).
- Verteilen Sie nun **M2** „Was Jesus sagt“, welches die Schüler*innen in Zweierteams bearbeiten. Bei leistungsschwachen Klassen können Sie als Einstieg in die Aufgabe 1 verschiedene Überbegriffe an die Tafel schreiben: Respekt, Gleichberechtigung, Unterstützung, Zusammenhalt, Beachtung. Jedes Paar bekommt einen Begriff und überlegt sich Beispiele: Was wünsche ich mir in diesem Bereich? Aufgabe 3 gilt als Grundlage für eine kreative Schreibwerkstatt. Die Schüler*innen erfinden zu zweit eine Geschichte. Machen Sie die Schüler*innen darauf aufmerksam, dass der Inhalt im Fokus steht und nicht die Rechtschreibung bzw. Grammatik. Bei leistungsschwachen Klassen können Sie zuerst im Plenum mündlich Geschichtenbeispiele erfinden, um zu zeigen, wie sie die Ideen einbauen können, z. B.: Deine Schwester antwortet online einer Jugendlichen aus Syrien, die neu in unserem Land ist und sich einsam fühlt. Oder: Deine Schwester organisiert zusammen mit anderen einen Spielenachmittag für geflüchtete Kinder, u. a. nimmt eine Familie aus Eritrea teil. ... (ca. 30 Min.)
- Die Geschichten werden eingesammelt und neu an die Zweierteams verteilt. Nachdem jedes Paar seine Geschichte gelesen hat, werden diese kurz mündlich im Plenum vorgestellt. Als Ergänzung können Sie die Geschichte vom barmherzigen Samariter (**M3** „Der barmherzige Samariter“) erzählen. In ihren Zweierteams diskutieren die Schüler*innen eine Antwort auf die Frage: Wer gehört denn eigentlich zu meinen Mitmenschen? (Lukas 10,29, Hoffnung für alle) (ca. 20 Min.)
- **Tipps:** Die Geschichten können kopiert und zu einem Büchlein geheftet werden, das in der Kirche ausgelegt wird. Oder die Geschichten werden in der Schule oder in der Kirche ausgestellt.
- Die Schüler*innen bearbeiten **M4** „Was tun die Kirchen?“ in Einzelarbeit und kontrollieren ihre Ergebnisse anschließend wie folgt selbstständig: Die Schüler*innen kommen nach der Bearbeitung von **M4** „Was tun die Kirchen?“ nach vorne, wo auf einem Tisch ein bis zwei Kopien von **M4** „Was tun die Kirchen?“ mit der richtigen Lösung ausliegen (ca. 10 Min.).
- Die Schüler*innen, die fertig sind, beginnen eine Online-Recherche zu den Stichwörtern „Papst“ und „Geflüchtete“. Hierzu notieren sie Stichwörter im Heft (ca. 10 Min.).
- Alternativ kann diese Aufgabe bereits als Vorbereitung auf diese Stunde als Hausaufgabe bearbeitet werden. Falls Sie diese Alternative wählen, stellen einige Schüler*innen beim Einstieg in die nächste Stunde ihre Ergebnisse vor (ca. 10 Min.).
- Lassen Sie anschließend ein Stück Kreide oder einen Stift in der Klasse zirkulieren und bitten Sie die Schüler*innen, einzeln nach vorne zu kommen und eines ihrer Stichwörter an die Tafel zu schreiben. Jedes Stichwort sollte nur

einmal notiert werden. Alternativ können Sie die Stichwörter auch digital sammeln (z. B. via Padlet) (ca. 10 Min.).

- Verteilen Sie nun **M5** „Kirchlicher ‚Welttag der Migranten und Flüchtlinge'". Die Schüler*innen diskutieren die Aufgabe 1 zu zweit (ca. 5 Min.).
- Zur Ergebnissicherung können Sie verschiedene Aussagen an die Tafel schreiben und die Schüler*innen erklären, ob die Aussage passt oder nicht, z. B.: Der Papst wollte mehr Aufmerksamkeit für das Schicksal von Geflüchteten. Der Papst wollte Menschen in Not helfen. Der Papst wollte mehr Menschen zur Flucht motivieren. Der Papst wollte, dass die Geflüchteten nicht vergessen werden. … (ca. 5 Min.)
- Die Lernenden bearbeiten zu zweit Aufgabe 2 von **M5** „Kirchlicher ‚Welttag der Migranten und Flüchtlinge'". Anschließend stellen einige Paare ein bis zwei Highlights ihrer Beispiele mündlich vor (ca. 20 Min.).

Abschluss

- Zum Abschluss wird der Fokus nun auf die Möglichkeiten der Schüler*innen gerichtet. Sie bearbeiten die Aufgaben 1 und 2 von **M6** „Was kannst du für Geflüchtete tun?" in Einzelarbeit. Aufgabe 3 von **M6** „Was kannst du für Geflüchtete tun?" wird zu zweit oder in Gruppe (fünf Schüler*innen je Gruppe) bearbeitet (ca. 20 Min.).
- Abschließend findet eine kurze Diskussion im Plenum statt: Wie ist die Situation vor Ort – welche Hilfsmöglichkeiten für Geflüchtete gibt es? Welche fehlen? (ca. 10 Min.)

Erwartungshorizont/Lösungen

M1 Warum Geflüchteten helfen?

2. Jede*r kann in die Situation der Fremden/Geflüchteten geraten – es sind Menschen wie du und ich und wir müssen ihnen helfen, respektvoll mit ihnen umgehen, denn Gott nimmt wahr, wie wir mit den Fremden/Geflüchteten umgehen.
3. Sie motivieren dazu, den Fremden/Geflüchteten zu helfen und sie motivieren dazu, die Fremden/Geflüchteten nicht auszunutzen.

M2 Was Jesus sagt

1. mögliche Lösungen: Es ist mir wichtig, dass sie mir helfen und mich mit dem Nötigsten (Essen, Kleidung, Unterkunft usw.) versorgen. Sie sollen respektvoll mit mir umgehen. Sie sollen sich für mich und meine Bedürfnisse interessieren. …
2. mögliche Lösungen: Wenn Geflüchtete länger bei uns bleiben, dann sollten sie die Möglichkeit bekommen zu arbeiten – und von dieser Möglichkeit auch Gebrauch machen. Wenn jemand ohne Grund geflüchtet ist (aber das ist sehr selten) und Zugriff auf sein Vermögen hat, dann kann er sein Leben selbst finanzieren. Man kann als Bedingung für die Unterstützung von den Geflüchteten verlangen, dass sie sich an die Gesetze/Regeln des Landes halten.
3. individuelle Lösung

M4 Was tun die Kirchen?

1. gelb = Integration: Willkommensanlässe, Deutschkurse, Arbeitsintegrationsprojekte; grün = Politik/Öffentlichkeit: Mahnschreiben, rechtliche Beratung, Gespräche mit Politiker*innen;
blau = Diakonie/Soziale Hilfe: Entwicklungszusammenarbeit, Gottesdienste in der Sprache der Geflüchteten, *Our Father in Heaven* (ein Gebet), Kleidersammlungen, Anwälte, Lebensmittelausgabe, Seelsorge, Klimaprojekte in Herkunftsländern (z. B. Projekte gegen Dürren), Mahngebete

M5 Kirchlicher „Welttag der Migranten und Flüchtlinge"

1. mögliche Lösungen: Ihm war es offensichtlich ein Anliegen, an das Schicksal von Geflüchteten zu erinnern und für die Solidarität mit ihnen zu ermuntern. Der Tag soll jedes Jahr daran erinnern, dass Menschen auf der Flucht sind. Das darf nicht vergessen werden.
2. mögliche Lösungen: Social-Media-Videos erstellen, die auf die Sorgen von Geflüchteten hinweisen; Spendensammlung mit einer Verkaufsaktion (z. B. Kuchen) organisieren; eine Demonstration für mehr Respekt gegenüber Geflüchteten organisieren; ein Benefiz-Konzert (dabei wird Geld gesammelt für Projekte, die Geflüchteten helfen) organisieren; …

M6 Was kannst du für Geflüchtete tun?

1. a): Geld; b) Kleidung; c) Wohnung; d) Hausaufgaben; e) Smartphone; f) Gebet
2. + 3. individuelle Lösung

M1 Warum Geflüchteten helfen?

Aufgaben

1. Lest die Sätze aus dem Alten Testament.

a) „Unterdrückt die Fremden nicht und beutet sie nicht aus! Denn ihr selbst seid einmal Fremde in Ägypten gewesen." (2. Mose 22,20, Hoffnung für alle)

b) „Unterdrückt die Fremden nicht! Ihr wisst ja, wie ihnen zumute sein muss, denn ihr seid selbst einmal Fremde in Ägypten gewesen." (2. Mose 23,9, Hoffnung für alle)

c) „Denn der HERR, euer Gott, ist größer als alle Götter und mächtiger als alle Herrscher! Er ist der große und starke Gott, den man fürchten muss. Er ist gerecht und unbestechlich. Den Waisen und Witwen verhilft er zu ihrem Recht. Er liebt die Ausländer und gibt ihnen Nahrung und Kleidung. Zeigt auch ihr den Ausländern eure Liebe! Denn ihr habt selbst einmal als Ausländer in Ägypten gelebt." (5. Mose 10, 17–19, Hoffnung für alle)

d) „Unterdrückt die Fremden nicht, die bei euch leben, sondern behandelt sie wie euresgleichen. Liebt sie wie euch selbst, denn auch ihr seid Fremde in Ägypten gewesen! Ich bin der HERR, euer Gott. (3. Mose 19,33–34, Hoffnung für alle)

2. Worauf machen die Sätze aus dem Alten Testament im Zusammenhang mit den Begriffen „Fremde" und „Geflüchtete" aufmerksam? Notiert.

____

____

____

____

____

____

____

3. Wozu motivieren die Texte aus dem Alten Testament? Notiert.

____

____

____

____

____

____

____

M2 Was Jesus sagt

Jesus sagte:

„Liebe deinen Mitmenschen wie dich selbst." (Matthäus 22,39, Hoffnung für alle)

„Behandelt die Menschen stets so, wie ihr von ihnen behandelt werden möchtet. Denn das ist die Botschaft des Gesetzes und der Propheten." (Matthäus 7,12, Hoffnung für alle)

Diese beiden sehr bekannten Zitate von Jesus können auch als Botschaft für den Umgang mit Geflüchteten verstanden werden.

Aufgaben

1. *Was ist euch in Bezug auf den Umgang anderer mit euch persönlich wichtig? Was wünscht ihr euch von anderen, wie sie euch behandeln? Schreibt drei Wünsche hierzu in die Sprechblasen.*

2. *Gibt es bei der Unterstützung für Geflüchtete auch Grenzen? Muss man wirklich alle Geflüchteten unterstützen? Diskutiert zu zweit.*
3. *Erfindet zu zweit eine Geschichte, die zu den beiden Zitaten von Jesus passt. Ihr könnt von jeder Ideen-Box ein Beispiel auswählen und in eure Geschichte einbauen. Schreibt eure Geschichte in euer Heft.*

Wer?	Für wen?	Wo?
• du • deine Schwester • deine Eltern • deine Nachbarn • ...	• eine Jugendliche aus Syrien • eine Frau aus Afghanistan • eine Familie aus Eritrea • ...	• in der Schule • im Supermarkt beim Einkaufen • an einer Landesgrenze • in der Kirche • online • ...

M3 Der barmherzige Samariter

Der barmherzige Samariter

Aber der Mann wollte sich verteidigen und fragte weiter: „Wer gehört denn eigentlich zu meinen Mitmenschen?"

Jesus antwortete ihm mit einer Geschichte: „Ein Mann ging von Jerusalem nach Jericho. Unterwegs wurde er von Räubern überfallen. Sie schlugen ihn zusammen, raubten ihn aus und ließen ihn halb tot liegen. Dann machten sie sich davon. Zufällig kam bald darauf ein Priester vorbei. Er sah den Mann liegen und ging schnell auf der anderen Straßenseite weiter. Genauso verhielt sich ein Tempeldiener. Er sah zwar den verletzten Mann, aber er blieb nicht stehen, sondern machte einen großen Bogen um ihn. Dann kam einer der verachteten Samariter vorbei. Als er den Verletzten sah, hatte er Mitleid mit ihm. Er ging zu ihm hin, behandelte seine Wunden mit Öl und Wein und verband sie. Dann hob er ihn auf sein Reittier und brachte ihn in den nächsten Gasthof, wo er den Kranken besser pflegen und versorgen konnte. Am folgenden Tag, als er weiterreisen musste, gab er dem Wirt zwei Silberstücke aus seinem Beutel und bat ihn: ‚Pflege den Mann gesund! Sollte das Geld nicht reichen, werde ich dir den Rest auf meiner Rückreise bezahlen!' Was meinst du?", fragte Jesus jetzt den Gesetzeslehrer. „Welcher von den dreien hat an dem Überfallenen als Mitmensch gehandelt?"

Der Gesetzeslehrer erwiderte: „Natürlich der Mann, der ihm geholfen hat."

„Dann geh und folge seinem Beispiel!", forderte Jesus ihn auf.

(Lukas 10,29–37, Hoffnung für alle)

M4 Was tun die Kirchen?

Die katholische und die evangelische Kirche helfen Geflüchteten auf verschiedene Arten.

Aufgabe

1. *Lies die Beispiele für Hilfeleistungen der Kirchen. Ordne jedes Beispiel der richtigen Kategorie zu und markiere in folgenden Farben: gelb = Integration, grün = Politik/Öffentlichkeit, blau = Diakonie/Soziale Hilfe*

Entwicklungszusammenarbeit Gottesdienste in Sprache der Geflüchteten
Our Father in Heaven (ein Gebet) Deutschkurse Kleidersammlungen
Anwälte Mahnschreiben Lebensmittelausgabe
Seelsorge rechtliche Beratung Gespräche mit Politikern
Klimaprojekte in Herkunftsländern (z. B. Projekte gegen Dürren)
Arbeitsintegrationsprojekte Willkommensanlässe Mahngebete

M5 Kirchlicher „Welttag der Migranten und Flüchtlinge"

Papst Benedikt XV. hat 1914 den „Welttag der Migranten und Flüchtlinge" erfunden. Die Kirche feiert ihn seither jedes Jahr. Seit dem Jahr 2019 findet er immer Ende September statt.

Aufgaben

1. *Warum hat der Papst vor über 100 Jahren diesen Welttag eingeführt? Was wollte er damit erreichen? Diskutiert zu zweit.*
2. *Welche Aktivitäten könntet ihr euch an diesem Welttag vorstellen? Erfindet verschiedene Aktivitäten. Ihr könnt euch von den Abbildungen unten inspirieren lassen.*

Tagesplan:

8 Uhr: ______________________________

10 Uhr: ______________________________

12 Uhr: ______________________________

14 Uhr: ______________________________

16 Uhr: ______________________________

18 Uhr: ______________________________

20 Uhr: ______________________________

22 Uhr: ______________________________

M6 Was kannst du für Geflüchtete tun?

Aufgaben

1. *Sieh dir die Abbildungen unten an. Welche Hilfsmöglichkeiten für Geflüchtete zeigen sie? Deute die Abbildungen und notiere eine Bezeichnung für die dargestellte Hilfsmöglichkeit.*
2. *Überlege, wie du Geflüchteten helfen kannst. Gib jeweils an, wie schwer/leicht es für dich ist, in diesem Bereich Hilfe zu leisten.*
3. *Suche dir einen Partner. Vergleicht eure Ergebnisse. Diskutiert Gemeinsamkeiten und Unterschiede.*

a) → ____________________

schwer leicht

b) → ____________________

schwer leicht

c) → ____________________

schwer leicht

d) → ____________________

schwer leicht

e) → ______________________________

schwer				leicht

f) → ______________________________

schwer				leicht

Kirchenasyl

Vorbereitung

Klassenstufen: 8–10
Lehrplanbezug: Nächstenliebe, Diakonie, Ethik, Zivilcourage
Zeitbedarf: ca. 2–3 Unterrichtsstunden
Material: 1 Video zu Mechthild Thürmer, Abspielgerät; 1 Zettel pro Schüler*in, Klebeband; **M1–M4** 1 x pro Schüler*in kopieren; ggf. Informationen zu Mechthild Thürmer für eine Rechercheaufgaben bereitstellen

Einstieg

- Stellen Sie der Klasse die Geschichte von Mechthild Thürmer vor. Hierzu können Sie als Einstieg ein Video zeigen, zu finden z. B. in den Mediatheken von DasErste, ZDF oder auf YouTube, das berichtet, wie Mechthild Thürmer im Jahr 2020 Geflüchteten Kirchenasyl gewährte und was danach geschah (ca. 10 Min.).
- Die Schüler*innen fassen das Video anschließend in einem Satz, den sie auf einem Zettel notieren, zusammen. Die Schüler*innen lesen ihren Satz vor und hängen ihn an die Tafel (ca. 10 Min.).
- Alternativ können Sie den Schüler*innen auch einen Rechercheauftrag geben: Sie besuchen www.kirchenasyl.de und beantworten folgende Fragen: Wie viele Menschen sind aktuell im Kirchenasyl? Wie vielen Menschen wurde im vergangenen -Jahr Asyl gewährt? Wer steht hinter der Website? Wer ist dafür verantwortlich? Was sind die Grundsätze der Menschen, die diese Website betreiben? (ca. 10 Min.)

Erarbeitungsphase

- Die Schüler*innen bearbeiten **M1** „Kirchenasyl“ zu zweit. Die Ergebnisse werden mündlich im Plenum besprochen (ca. 15 Min.).
- Anschließend erhalten die Schüler*innen **M2** „(Kirchen-)Asyl – was ist das?“ und bearbeiten es in Einzelarbeit (ca. 15 Min.).
- Sammeln Sie die Ergebnisse im Plenum. Es sollen dabei für jeden Text verschiedene Titelvarianten genannt werden. Das hilft den Schüler*innen, sich nochmals mit den verschiedenen Texten zu beschäftigen (ca. 10 Min.).

Abschluss

- Die Schüler*innen erhalten **M3** „Vor Gericht wegen Klosterasyl“ und bearbeiten es in Einzelarbeit. Bei Aufgabe 2 versuchen die Schüler*innen mittels einer Recherche, Näheres zu Mechthild Thürmer herauszufinden. Falls den Schüler*innen keine digitalen Geräte mit Online-Zugang im Klassenzimmer zur Verfügung stehen, können Sie auch verschiedene Ausdrucke im Klassenzimmer mit den entsprechenden Informationen für die Schüler*innen auslegen (ca. 20 Min.).
- Anschließend lesen einige Schüler*innen ihre Nachrichten an Mechthild Thürmer (Aufgabe 3 **M3** „Vor Gericht wegen Klosterasyl“) im Plenum vor (ca. 10 Min.).
- Alternativ können die Nachrichten der Schüler*innen unten abgeschnitten, eingesammelt und dann wieder verteilt werden. Die Schüler*innen lesen den Text ihrer Mitschüler*innen und überlegen sich mündlich eine Antwort. Wenn genügend Zeit zur Verfügung steht, können sie auch eine schriftliche Antwort verfassen (ca. 10 Min.).
- Es ist auch möglich, dass die Schüler*innen zu zweit eine Nachricht verfassen und diese anschließend als Audio-Nachricht aufnehmen. Zum Abschluss werden die Nachrichten in der Klasse angehört (ca. 15 Min.).
- Zum Abschluss können Sie einen Steckbrief von Mechthild Thürmer an der Tafel erstellen: Alter, Beruf, bekannt für, Motivation, das Besondere an ihr, … (Lösungen: Alter: 64 Jahre; Beruf: Ordensfrau/Leiterin des Klosters; bekannt für: z. B. ihren Einsatz für Geflüchtete; Motivation: z. B. christliche Nächstenliebe leben; das Besondere an ihr: z. B. sie ist mutig; …) Die Schüler*innen diskutieren zunächst zu zweit, welche Antworten zu den verschiedenen Stichwörtern passen. Anschließend werden die Ideen im Plenum gesammelt (ca. 15 Min.).
- Bei leistungsstarken Klassen können Sie das Thema Kirchenasyl auch mit der Diskussion einer Dilemma-Situation (**M4** „Eine Dilemma-Situation“) abschließen oder vertiefen. Die Schüler*innen werden motiviert, sich selbst der Dilemma-Situation zu stellen, mit der viele Menschen, die Geflüchteten in einer Notlage helfen möchten, konfrontiert werden. Die Ergebnisse können im Rahmen eines Unter-

richtsgespräch kontrovers besprochen werden: Zunächst nennen die Schüler*innen alle Argumente, die dafür sprechen, dann alle, die dagegen sprechen. Anschließend folgt eine Diskussion. Als Abschluss teilen die Schüler*innen ihre persönliche Entscheidung mit. Machen Sie darauf aufmerksam, dass es sich um eine Dilemma-Situation handelt und deshalb keine einfache Antwort bzw. kein klares Ja oder Nein möglich ist (ca. 20 Min.).

Erwartungshorizont/Lösungen

M1 Kirchenasyl

1. mögliche Lösungen: Betroffenheit; Mitleid; Wut; sie ist ja noch eine Jugendliche, deshalb ist es unmenschlich, sie abzuschieben; Offensichtlich ist sie ganz allein; usw.

2. a) Es geht um den Schutz der Menschen und um Nächstenliebe.

b) Die gesetzliche Situation steht im Fokus, die Person stellt die Gesetze über das Schicksal einzelner Personen.

3. Es geht um Menschen in Not und das ist ein emotionales Thema.

M2 (Kirchen-)Asyl – was ist das?

1. mögliche Lösungen: a) Was ist Asyl?

b) Was ist Kirchenasyl?/Das Kirchenasyl

c) Woher stammt der Begriff „Asyl“?/Die genaue Bedeutung des Wortes „Asyl“

M3 Vor Gericht wegen Klosterasyl

2. mögliche Lösungen: Verben: kämpfen, rebellieren, nicht unterkriegen lassen; Adjektive: hartnäckig, tapfer, gelassen, engagiert, überzeugt, …

3. individuelle Lösung

M4 Eine Dilemma-Situation

1. mögliche Lösungen: Soll Ben Menschen in Not helfen und das Gesetz brechen oder sich an das Gesetz halten und Menschen in Not nicht helfen? Was ist wichtiger – die Gesetze oder die Menschen, die Hilfe benötigen?

2. mögliche Lösungen: Wenn Ben den Menschen in Not nicht hilft, dann hat das für ihn eigentlich wenig Konsequenzen – viel gravierender sind die Konsequenzen für die Menschen, die abgeschoben werden; evtl. Konsequenzen für Ben: Er hat gegen seinen Glauben, seine Ethik gehandelt; er hat ein schlechtes Gewissen; er muss immer daran denken, dass er evtl. einen Menschen in Gefahr gebracht hat; usw. Wenn Ben den Menschen in Not hilft, dann macht er sich strafbar, im schlimmsten Fall wird er dafür bestraft, z. B. Gerichtsurteil, Strafe oder sogar Gefängnis.

3. mögliche Lösungen: gut überlegen; sowohl auf das Herz als auch auf den Kopf hören; evtl. andere, neutrale Menschen um Rat fragen, aber sich nicht beeinflussen lassen; Usw.

M1 Kirchenasyl

Die Syrerin Nura (18 Jahre alt) hat Unterschlupf in der katholischen Kirche von Gromi gefunden.* Mittlerweile ist sie schon seit einer Woche in der Kirche. Die Verantwortlichen der Pfarrei wollen sie damit vor der drohenden Abschiebung nach Syrien bewahren.
*Hierbei handelt es sich um ein erfundenes Beispiel.

Aufgaben

1. *Was löst das (erfundene) Beispiel über Nura bei euch aus? Was geht euch durch den Kopf? Schreibt eure Gedanken in die Gedankenblasen.*

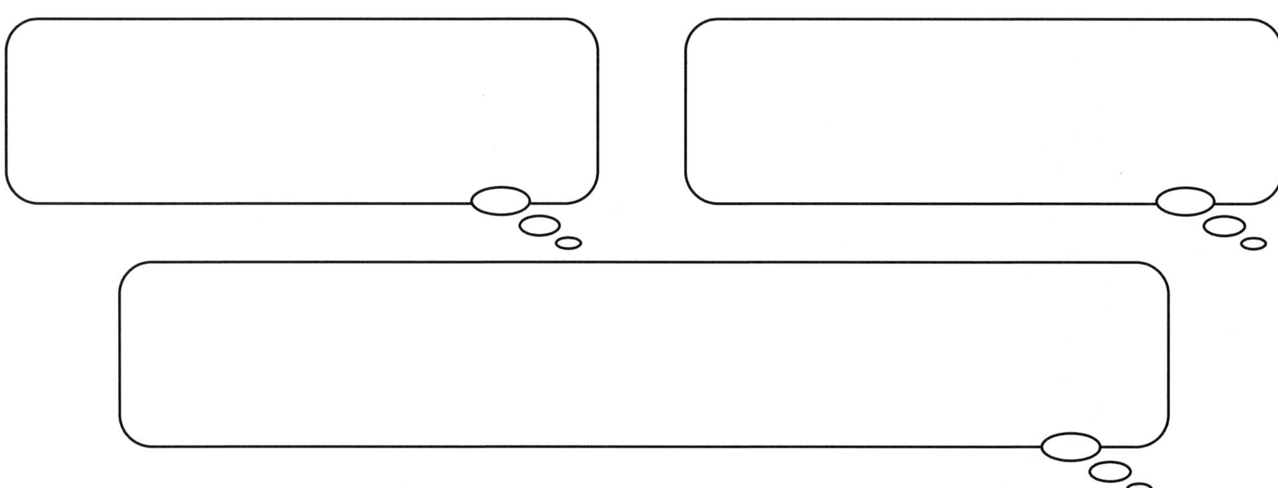

2. *Lest die beiden Aussagen zum Thema Kirchenasyl. Worauf stützen sich die Aussagen? Versucht, die Aussagen in einem Satz zusammenzufassen. Notiert in eurem Heft.*

a) Mit dem Kirchenasyl will man Menschen helfen, die aufgrund einer drohenden Abschiebung in Gefahr sind, z. B. weil sie in ihrem Heimatland ins Gefängnis kommen, Gewalt erleben oder sogar ermordet werden. Ein Fluchtgrund können auch nicht hinnehmbare Härten im Heimatland sein, z. B. weil die Menschen krank sind und in ihrer Heimat zu wenig Hilfe bekommen. Das Kirchenasyl sorgt dafür, dass Zeit für weitere Verhandlungen geschaffen werden kann. Bevor die Person tatsächlich abgeschoben wird, soll sorgfältig überprüft werden, ob es nicht doch Gründe dafür gibt, dass die Person ein Recht auf Aufenthalt hat. In dieser Zeit ist die Kirche ein Schutzraum. Kirchenasyl wird als christliche Pflicht bezeichnet: Menschen, die in Gefahr sind, muss man helfen.	b) In unserem Land gibt es Gesetze, die regeln, wer bei uns Asyl bekommt und wer nicht. Der Staat überprüft alle, die zu uns flüchten, genau: Warum sind sie hier? Warum sind sie geflüchtet? Sagen die Personen die Wahrheit? Usw. Wenn jemand vom Staat keine Aufenthaltsgenehmigung bekommt und ausgewiesen werden soll, dann müssen das alle akzeptieren. So sind nun einmal die Gesetze – und daran müssen wir uns alle halten. Wer Geflüchtete dann in eine Kirche aufnimmt und damit ihre Abschiebung verhindern will, der macht etwas Unerlaubtes.

3. *Warum wird das Thema Kirchenasyl so emotional diskutiert? Notiert in eurem Heft.*

M2 (Kirchen-)Asyl – was ist das?

Aufgabe

1. Lies die drei Abschnitte der Definition von Asyl und notiere für jeden eine passende Überschrift. Achte darauf, für jeden Abschnitt eine andere Überschrift zu wählen.

a) ______________________________

Asyl ist ein Zufluchtsort, der vor Gefahren und Verfolgung schützt. Asyl kann ein Gebäude sein, aber auch ein Land oder eine Unterkunft für eine Nacht. In Deutschland, der Schweiz und Österreich ist das Asyl für Menschen auf der Flucht gesetzlich geregelt – es ist genau festgelegt, welche Menschen Recht auf Asyl bekommen. Alle, die Asyl beantragen, müssen ein Asylverfahren durchlaufen. Dabei wird genau geprüft, warum die Menschen geflüchtet sind und warum sie in ihrer Heimat verfolgt werden.

b) ______________________________

Diese Hilfeleistung gab es schon zu Beginn des Christentums. Es geht darum, Geflüchteten vorübergehend in einem kirchlichen Gebäude Schutz zu bieten, um sie vor einer unmittelbar drohenden Abschiebung zu bewahren.

c) ______________________________

Das Wort Asyl stammt ursprünglich aus der griechischen Sprache. Es kann übersetzt werden mit „Heim“ oder „Unterkunft“. Andere passende Übersetzungen sind „sicher“ und „Ort der Sicherheit“.

M3 Vor Gericht wegen Klosterasyl

Aufgaben

1. Lies den Text über Mechthild Thürmer.

Mechthild Thürmer (64 Jahre alt) aus Franken (Bayern/Süddeutschland) ist Nonne und Benediktiner-Äbtissin (Leiterin eines Klosters, in dem Benediktiner-Nonnen leben). Über 30 Personen haben im Jahr 2020 in ihrem Kloster Asyl gefunden. Sie wolle Menschen in absoluten Notsituationen helfen, sagte Thürmer damals in einem Interview. Deshalb wurde sie angeklagt und kam vor Gericht. Dort wurde sie jedoch freigesprochen. Die Nonne sagte später, dass sie keine Angst vor dem Prozess gehabt habe. Denn sie habe ganz tief in sich drin gespürt, das Richtige getan zu haben. Für ihr Engagement für Geflüchtete wurde sie mit mehreren Preisen ausgezeichnet, einer dieser Preise ist der Göttinger Friedenspreis.

2. Suche nach weiteren Informationen zu Mechthild Thürmer. Notiere in der Tabelle Verben und Adjektive, die zu Mechthild Thürmer passen.

Verben	**Adjektive**

3. Schreibe eine Nachricht an Mechthild Thürmer: Welche Fragen möchtest du ihr stellen? Was möchtest du ihr mitteilen?

M4 Eine Dilemma-Situation

Manche befürworten das Kirchenasyl, andere sind dagegen. Es gibt auch Menschen, die Geflüchteten bei sich zu Hause Asyl gewähren, obwohl sie sich damit strafbar machen. Kirchenasyl – ja oder nein?

Ben überlegt:

Soll ich Menschen Asyl gewähren, obwohl ich mich damit strafbar mache?

Oder:

Soll ich Menschen, die in Not sind, kein Asyl gewähren und mich an das Gesetz halten?

Aufgaben

1. In welchem Dilemma steckt Ben? Notiere.

2. Welche Folgen haben die beiden Entscheidungsoptionen für Ben? Notiere.

3. Wie geht man am besten vor, wenn man vor so einer Entscheidung steht? Notiere.

Flucht über das Mittelmeer – Seenotrettung

Vorbereitung

Klassenstufen: 8–10
Lehrplanbezug: Nächstenliebe, Gebet, Ethik
Zeitbedarf: ca. 3–4 Unterrichtsstunden
Material: Schnur; längliche, schmale, weiße Papierstreifen; ggf. beschriftete Zettel; Foto oder Video der Aktion „Beim Namen nennen"; Abspielgerät; Zettel mit weiteren Informationen und Zahlen; **M1** 1 x auf Folie kopieren; **M1** und **M2** 1 x pro Schüler*in kopieren; ggf. **M3** 1 x auf Folie kopieren; ggf. **M3** 1 x pro Schüler*in kopieren; ggf. Informationen zu Sant'Egidio für eine Rechercheaufgaben bereitstellen; **M4** 1 x pro Schüler*in kopieren; 1 Zettel pro Schüler*in, ggf. Klebeband, ggf. Holzkreuz

Hinweis: Das Thema „Flucht über das Mittelmeer – Seenotrettung" kann starke Emotionen auslösen und belastend wirken. Überlegen Sie sich, ob Ihre Klasse mit dem Thema umgehen kann. Falls manche Schüler*innen evtl. an Traumatisierungen (z. B. durch eigene Fluchterfahrungen) leiden, sollten Sie entsprechend sehr sorgsam vorgehen und die Einheit ggf. an einigen Stellen auf Ihre Klasse anpassen. In jedem Fall kann das Thema eine Chance sein, sichtbar zu machen, wie die Kirchen bzw. Menschen mit humanitärem Bewusstsein heute für Geflüchtete, die sich in Lebensgefahr befinden, im Einsatz sind. Zudem ist es sinnvoll, auf die Aktualität Bezug zu nehmen, z. B. aktuelle Medienberichte einzubauen oder die Schüler*innen zu aktuellen Nachrichten und aktiven Organisationen bzgl. des Themas recherchieren zu lassen. Als Ergänzung oder Vertiefung bietet sich das Buch „Über die Berge und über das Meer" von Dirk Reinhardt (2019) an.

Einstieg

- Spannen Sie eine Schnur quer durch das Klassenzimmer und befestigen Sie an dieser Schnur viele längliche, schmale, weiße Papierstreifen. Sie können die Zettel auch gemeinsam mit den Schüler*innen als Einstieg befestigen (ca. 5 Min.).
- Zeigen Sie anschließend ein Foto oder Video der Aktion „Beim Namen nennen" (online zu finden bei YouTube) und erklären Sie den Kontext dieser Aktion. Als Ergänzung können Sie verschiedene Zettel mit weiteren Informationen und Zahlen auf den Boden legen, z. B.: 53 Menschen auf der Flucht von Libyen im Meer ertrunken (ca. 10 Min.).
- Leiten Sie ein Unterrichtsgespräch an, bei dem die Schüler*innen das Gehörte und Gesehene verarbeiten können: Was haben die Schnur mit den Papierstreifen und das Foto bzw. Video bei ihnen ausgelöst? Was geht ihnen durch den Kopf? (ca. 10 Min.)

Erarbeitungsphase

- Projizieren Sie die Karte mit den Fluchtrouten von **M1** „In Seenot" an die Wand oder verteilen sie eine Kopie davon an die Klasse. Als Ergänzung können Sie eine Karte vom Mittelmeer an die Wand projizieren, damit die Schüler*innen sich besser vorstellen können, woher bzw. wohin die Menschen flüchten. Online finden sich zudem Grafiken mit den Fluchtrouten (z. B. www.aktion-deutschland-hilft.de). Diskutieren Sie mit den Schüler*innen: Warum entscheiden sich so viele Menschen für die Flucht über das Mittelmeer, obwohl es gefährlich ist und viele dabei ums Leben kommen? (ca. 10 Min.)
- Nun bearbeiten die Schüler*innen die Aufgaben auf **M1** „In Seenot" in Einzelarbeit oder zu zweit (ca. 15 Min.).
- Anschließend werden die Ergebnisse im Plenum besprochen (ca. 10 Min.).
- Nun bearbeiten die Schüler*innen **M2** „Die evangelische Kirche und die Seenotrettung" in Einzelarbeit (ca. 10 Min.).
- Diskutieren Sie die Lösungen im Plenum. Bei den Stichwörtern sind teilweise verschiedene Lösungen möglich – lassen Sie die Schüler*innen Abweichungen begründen (ca. 10 Min.).
- **M3** „Sant'Egidio" können Sie mehrheitlich im Plenum bearbeiten. Zunächst lesen die Schüler*innen die Postings (Diese können Sie alternativ auch an die Wand projizieren.). Leiten Sie anschließend ein Unterrichtsgespräch an. Geben Sie den Schüler*innen danach Zeit, zu Aufgabe 2 zu recherchieren. Falls keine Online-Geräte verfügbar sind, können Sie auch verschiedene Ausdrucke im Klassenzimmer auslegen. Alternativ kann die Aufgabe 2 als Hausaufgabe bearbeitet werden. Auch Aufgabe 3 von **M3** „Sant'Egidio" kann an die Wand projiziert und gemeinsam mündlich bearbeitet

werden. Sie können aber auch eine Kopie davon verteilen (ca. 20 Min.).

Abschluss

- Die Schüler*innen bearbeiten **M4** „Beim Namen nennen" zu zweit (ca. 15 Min.).
- Besprechen Sie die Ergebnisse von **M4** „Beim Namen nennen" im Plenum (ca. 10. Min.).
- Als Abschluss könnten Sie folgendes Zitat an die Tafel schreiben: „Die Menschen sind tot, jetzt helfen ihnen solche Aktionen auch nichts mehr!" Die Schüler*innen diskutieren die Aussage zunächst zu zweit. Anschließend können Sie die Kommentare im Plenum sammeln (ca. 10 Min.).
- Alternativ können Sie mit den Schüler*innen auch darüber nachdenken, was jede*r Einzelne machen kann, um zu verhindern, dass noch mehr Menschen bei der Flucht übers Mittelmeer ums Leben kommen, z. B. Rettungsorganisationen unterstützen, Online-Posts, sich an Politiker*innen wenden, sich Solidaritätsaktionen anschließen, … (ca. 10 Min.)
- Zum Abschluss erhalten die Schüler*innen nun einen leeren Zettel. Dieser symbolisiert eine*n Geflüchtete*n, dessen*deren Namen nicht bekannt ist. Die Schüler*innen legen ihre Zettel nacheinander in die Mitte eines Kreise oder kleben sie an die Wand oder auf ein großes Holzkreuz. Schließen Sie diese Besinnung mit einem Gebet ab (ca. 10 Min.).

Erwartungshorizont/Lösungen

<u>M1 In Seenot</u>

2. mögliche Lösungen: Ohnmacht, Schock, Traurigkeit, Erleichterung (wenn sie jemanden gerettet haben), Resignation, Hoffnungslosigkeit (Es hört nie auf!) usw.

3. a) + 3.; b) + 1.; c) + 4.; d) + 2.

<u>M2 Die evangelische Kirche und die Seenotrettung</u>

2. mögliche Lösungen: Mittelmeer: Katastrophe, ertrinken, mehr als 24.000 Tote, gesunkene Boote, Fluchtweg gefährlich, keine staatliche Seenotrettung; evangelische Kirche: Rettungsschiff, gerettet, Spenden, helfen; Kritik: verboten

<u>M3 „Sant'Egidio"</u>

1. mögliche Lösungen: Sie wollen sich um Menschen kümmern, die in Not sind und ihnen helfen, aber auch Druck aufbauen, damit die Situation von Menschen in Not allgemein verbessert wird. Sie sind für Frieden.

2. individuelle Lösung

3. Die Gemeinschaft Sant'Egidio führt zusammen mit der Union der <u>Evangelischen</u> Kirchen in Italien und der Waldenser-Tafel das Projekt „Humanitäre Korridore" durch. Sie wollen damit verhindern, dass noch mehr Menschen über das <u>Mittelmeer</u> flüchten und ihr Leben riskieren. Oft werden diese Menschen Opfer von <u>Menschenschmugglern</u> – sie müssen diesen viel <u>Geld</u> bezahlen, damit sie ihnen bei der Flucht helfen. Das Projekt von Sant'Egidio soll eine sichere Flucht ermöglichen. Die Menschen sollen mit einem sicheren Schiff oder mit einem <u>Flugzeug</u> nach Italien kommen können und hier einen <u>Asylantrag</u> stellen dürfen. Nach ihrer Ankunft in Italien werden die Geflüchteten in Einrichtungen oder <u>Häusern</u> aufgenommen. Die Kosten übernehmen Sant'Egidio und die anderen beteiligten Organisationen. Die Geflüchteten lernen Italienisch, geflüchtete Kinder besuchen eine <u>Schule</u>, um ihre Integration zu erleichtern. Sant'Egidio hilft den Geflüchteten aber auch bei der Suche nach Arbeit.

<u>M4 Beim Namen nennen</u>

1. Bei solchen Aktionen/Gedenken soll in erster Linie den Verstorbenen gedacht werden. Es wird jedoch auch auf eine Ungerechtigkeit aufmerksam gemacht. So soll die Gesellschaft wachgerüttelt werden, um ein Bewusstsein dafür zu schaffen, dass immer noch Menschen auf der Flucht über das Mittelmeer sterben.

2.

in der Schule	eine Gedenkveranstaltung organisieren, gemeinsam beten, Plakate aufhängen, …
online	mit Postings darauf aufmerksam machen, Meldungen über Geflüchtete teilen, andere auf die Aktion „Beim Namen nennen" o. Ä. aufmerksam machen, sie zum Mitmachen einladen, …
in der Zeitung, im Fernsehen, im Radio	Artikel und Reportagen über das Schicksal Geflüchteter veröffentlichen, über die Aktion „Beim Namen nennen" o. Ä. berichten, …
in der Kirche	Gedenkgottesdienst veranstalten, an Politiker*innen appellieren, die Aktion „Beim Namen nennen" durchführen, Menschen in der Predigt auf die Geflüchteten bzw. die Situation aufmerksam machen, …
auf dem Markplatz	demonstrieren, Flyer verteilen, die Aktion „Beim Namen nennen" an einem öffentlichen Ort durchführen, Plakate aufhängen, …

M1 In Seenot

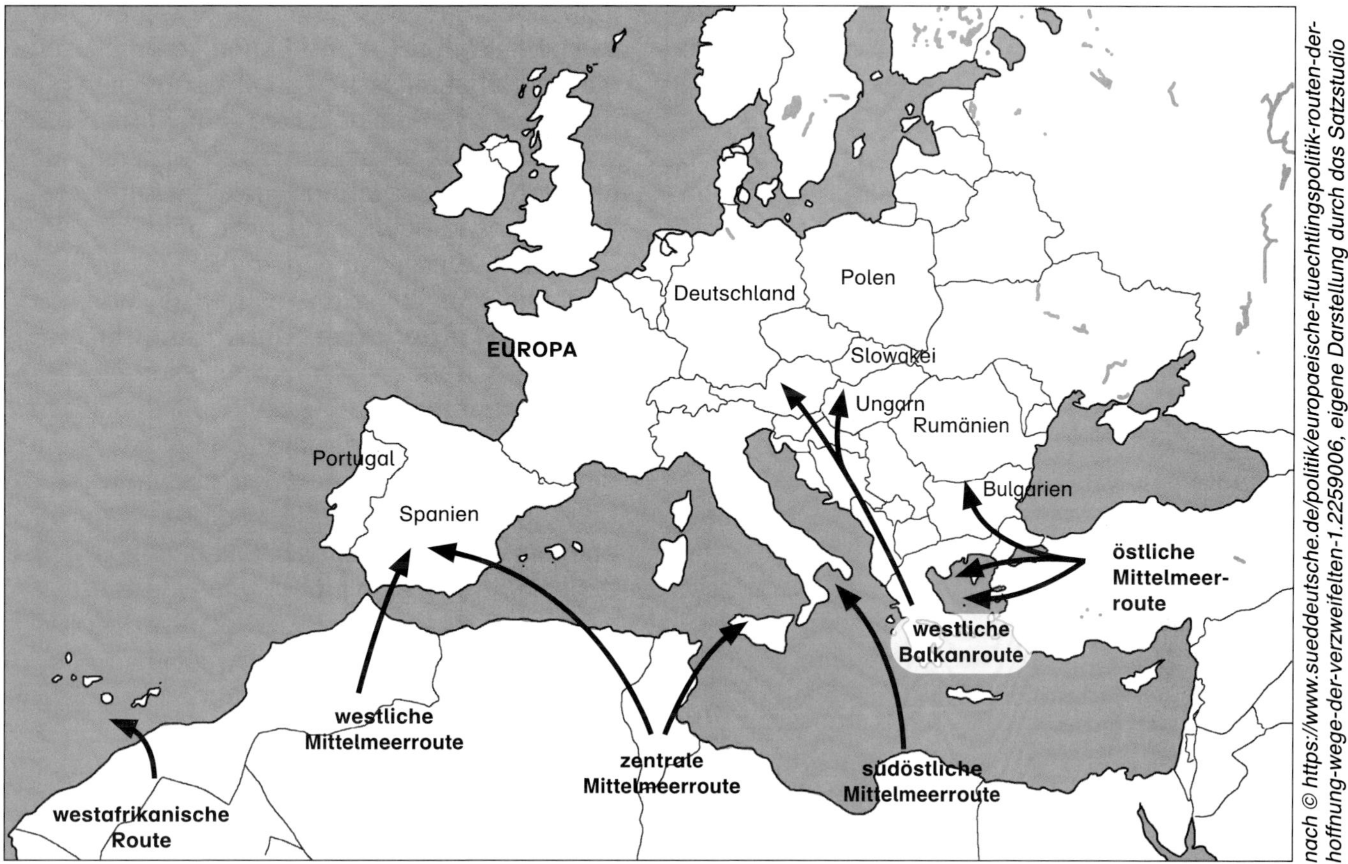

nach © https://www.sueddeutsche.de/politik/europaeische-fluechtlingspolitik-routen-der-hoffnung-wege-der-verzweifelten-1.2259006, eigene Darstellung durch das Satzstudio

Aufgaben

1. *Lies das Protokoll des Crew-Mitglieds auf einem Rettungsschiff, das im Mittelmeer unterwegs ist.*

17:10 Uhr: Wir verlassen den Hafen.

17:30 Uhr: Vor uns liegt das weite Meer. Das Festland hinter uns ist so weit weg – nur ein kleiner Strich.

17:45 Uhr: Unser Funkgerät knistert. Wir hören eine männliche Stimme. Zunächst verstehen wir nichts. Was will die Person uns mitteilen? Aber wir begreifen sofort: Die Person ist in Panik. Wir fordern den Mann auf, uns seine Koordinaten durchzugeben. Sein Boot befindet sich etwa 30 Minuten von uns entfernt!

18:20 Uhr: Wir sehen ein gekentertes Boot. Im Wasser treiben Menschen. Zum Glück tragen alle eine Rettungsweste. Mit einem Megafon versuchen wir, sie zu beruhigen: Wir werden euch retten!

20:15 Uhr: Wir konnten alle Menschen auf unser Boot holen. Niemand ist ertrunken.

20:30 Uhr: Wir fahren zurück in den Hafen. Ich blicke auf das Meer hinaus. Wie viele Menschen versuchen in dieser Nacht wohl, mit einem Schiff Europa zu erreichen?

2. *Was lösen diese Einsätze bei den Crew-Mitgliedern aus? Notiere verschiedene Gefühle.*

3. *Verbinde die Informationen auf der linken Seite mit den Informationen auf der rechten Seite.*

a) Organisationen wie „Sea-Watch“ …

b) Was machen sie?

c) Was sind ihre Ziele?

d) Wie funktioniert die Finanzierung?

1. Sie sind im Mittelmeer unterwegs und leisten Nothilfe. Sie retten Menschen, die über das Meer nach Europa flüchten wollen.

2. Sie finanzieren sich ausschließlich durch Spenden.

3. … sind meistens politisch und religiös unabhängig.

4. Sie wollen die Staaten/Länder zum Umdenken motivieren: Es braucht Rettungseinsätze durch die zuständigen europäischen Organisationen. Zudem fordern sie legale Fluchtwege und ein Europa, das sich um Menschen in Not kümmert.

M2 Die evangelische Kirche und die Seenotrettung

Aufgaben

1. Lies die folgenden Informationen.

Die Evangelische Kirche Deutschland unterstützt mit der Organisation United4Rescue die Rettung von Geflüchteten auf dem Meer. Diese Hilfe wird „Seenotrettung" genannt. Sie schickt Schiffe, die versuchen, Ertrinkende im Mittelmeer zu retten.
United4Rescue ist ein Verein, der von Spenden finanziert wird.
Der Verein wurde 2019 von Personen der evangelischen Kirche gegründet.
United4Rescue konnte bereits zwei Rettungsschiffe in den Einsatz bringen und zahlreiche Rettungseinsätze ermöglichen. Die Schiffe und Einsätze wurden durch Spenden bezahlt.
Bei United4Rescue machen hunderte verschiedene Organisationen mit, die eine gemeinsame Überzeugung haben: Man darf keine Menschen ertrinken lassen! Die Organisationen setzen sich öffentlich für Seenotrettung und sichere Fluchtwege ein.

2. Lies die fett gedruckten Oberbegriffe und die Begriffe im Kasten unten durch. Ordne die Begriffe den Oberbegriffen zu. Markiere dafür die Oberbegriffe und die Begriffe in einer Farbe.

Mittelmeer **evangelische Kirche** **Kritik**

Katastrophe Rettungsschiff verboten helfen

ertrinken gerettet Fluchtweg gefährlich

keine staatliche Seenotrettung mehr als 24.000 Tote

Spenden gesunkene Boote

M3 Sant'Egidio

Aufgaben

1. *Lest die Postings von Hannah. Sie engagiert sich bei Sant'Egidio. Was ist das Anliegen dieser christlichen Organisation?*

Heute Demo vor dem Rathaus: Politiker sollen sich für legale Fluchtwege einsetzen!

Große Spendensammlung heute auf dem Marktplatz: Wir brauchen Spenden, um Flugzeuge für Geflüchtete zu mieten!

Wir brauchen mehr Jugendliche und Erwachsene, die sich engagieren: Kommt zu Sant'Egidio und unterstützt uns bei der Friedensarbeit und der Armutsbekämpfung!

2. *Recherchiere zu Sant'Egidio und überprüfe, ob eure Ergebnisse von Aufgabe 1 stimmen, z.B. online unter www.santegidio.org. Notiere in deinem Heft, was du sonst noch über diese Organisation erfährst.*

3. *Setzt die folgenden Begriffe in den Lückentext ein: Häusern, Geld, Mittelmeer, Evangelischen, Menschenschmugglern, Flugzeug, Asylantrag, Schule.*

„Korridore" für Geflüchtete

Die Gemeinschaft Sant'Egidio führt zusammen mit der Union der ______________________ Kirchen in Italien und der Waldenser-Tafel das Projekt „Humanitäre Korridore" durch. Sie wollen damit verhindern, dass noch mehr Menschen über das ______________________ flüchten und ihr Leben riskieren. Oft werden diese Menschen Opfer von ______________________ – sie müssen diesen viel ______________________ bezahlen, damit sie ihnen bei der Flucht helfen. Das Projekt von Sant'Egidio soll eine sichere Flucht ermöglichen. Die Menschen sollen mit einem sicheren Schiff oder mit einem ______________________ nach Italien kommen können und hier einen ______________________ stellen dürfen. Nach ihrer Ankunft in Italien werden die Geflüchteten in Einrichtungen oder ______________________ aufgenommen. Die Kosten übernehmen Sant'Egidio und die anderen beteiligten Organisationen. Die Geflüchteten lernen Italienisch, geflüchtete Kinder besuchen eine ______________________, um ihre Integration zu erleichtern. Sant'Egidio hilft den Geflüchteten aber auch bei der Suche nach Arbeit.

M4 Beim Namen nennen

In verschiedenen Städten in Deutschland, der Schweiz und Österreich machen Menschen mit Aktionen darauf aufmerksam, dass seit 1993 über 60.000 Menschen im Mittelmeer ertrunken sind.

Aufgaben

1. *Warum sind solche Aktionen/Gedenken wichtig? Erfindet Aussagen von Menschen, die sich bei diesen Gedenkaktionen engagieren. Notiert diese in den Sprechblasen.*

2. *Was könnte man tun, um an die ertrunkenen Geflüchteten zu erinnern? Überlegt euch Aktionen und notiert diese in der Tabelle.*

in der Schule	
online	
in der Zeitung, im Fernsehen, im Radio	
in der Kirche	
auf dem Markplatz	